商务日语写作

主　编　张桉莳　施立洁　马亚琴

副主编　王冠文　刘晓菲

参　编　李桂贤　杜明慧　郭　强　石　晓　史启梦

同济大学 出版社
TONGJI UNIVERSITY PRESS
·上海·

图书在版编目（CIP）数据

商务日语写作 / 张桉莳，施立洁，马亚琴主编. --
上海：同济大学出版社，2024.6
ISBN 978-7-5765-1042-3

Ⅰ. ①商… Ⅱ. ①张… ②施… ③马… Ⅲ. ①商务－
日语－写作 Ⅳ. ①F7

中国国家版本馆CIP数据核字〔2024〕第020530号

商务日语写作

张桉莳　施立洁　马亚琴　主编
出 品 人　金英伟　策　划　高嘉庆　责任编辑　戴如月　夏涵容
助理编辑　府晓辉　责任校对　徐春莲　封面设计　潘向蓁

出版发行　同济大学出版社　www.tongjipress.com.cn
　　　　　（地址：上海市四平路1239号　邮编：200092　电话：021-65985622）
经　　销　全国各地新华书店、网络书店
排版制作　南京展望文化发展有限公司
印　　刷　启东市人民印刷有限公司
开　　本　787mm×1092mm　　1/16
印　　张　12
字　　数　226 000
版　　次　2024年6月第1版
印　　次　2024年6月第1次印刷
书　　号　ISBN 978-7-5765-1042-3

定　　价　48.00元

前　言

　　近年来，开设商务日语专业方向或课程的院校越来越多，日语学习者人数也迅速攀升，给大学日语教学的师资、课程、教材等提出了新课题和新挑战。随着经济全球化的深化，中日经贸合作呈现多元化、多样化、多渠道的新局面，市场对于商务日语专业人才有了新的需求，对商务日语人才各个方面的实用技能也有了更高的要求。为培养职业型、复合型日语专业人才，帮助应用型院校和高职院校日语、商务日语等相关专业的学生及从事相关工作的业务人员掌握商务日语职场中所需的各类文件的书写技能，编写组特编写此教材。

　　编写组结合多年来的商务日语教学实践经验，同时参考产学研合作企业的宝贵意见，对商务日语写作方面的知识与技巧进行系统梳理，并将日语写作技能与商务职场知识相结合，包括职场电子邮件、商务文件文书、外贸函电的写作方法与实例等。

　　本教材内容包含了从求职信开始到日常业务所涉及的必要的职场邮件、书信、文件等的书写技能和技巧，以及外贸函电的各个环节的沟通和处理产生的文件。本教材以主人公李想从在校期间到毕业工作之后的各个阶段为主线，设置实际的商务场景和职场情景，便于学生在学习的过程中更好地代入、想象、理解和应用；对于在工作中有文书写作需求的读者来说，这样依托场景的章节设置也更便于查找使用。

　　本着"授之以鱼不如授之以渔"的原则，本教材在每个章节后设置拓展知识栏目，力求使学生在掌握写作技能的同时，理解商务礼仪习惯、日本企业的特点、管理模式和思维方式等，学生既要学会这些商务文书"怎样写"，还要了解"为什么这样写"，进而提升商务职场中的跨文化交际能力。

由于编者水平有限，教材编写难免有不尽如人意之处，衷心希望各位专家和广大读者不吝赐教。

编写组

2023 年 8 月

目　录

商务文书基础知识

ビジネス文書の基本

第 1 课
书信写作基础
• 手紙について •

ビジネス日本語とは、日本企業のビジネスシーンで必要とされる日本語のコミュニケーションのことです。実用的なビジネス日本語を習得するためには、日本のビジネス習慣を理解して、同僚、上司、取引先とのコミュニケーションで失礼のないように心掛けることが大切です。

1. 手紙について

　手紙は、日本人が昔から大切にしてきた風習のひとつです。相手との距離を縮めたり、付き合いの幅を広げたりすることができる便利なツールです。ここでは、手紙の書き方について学びましょう。

　日本語で書いた手紙は「縦書き」「横書き」という二つの形式があります。

　まず、手紙の種類によって、文体も違います。というと、相手の身分、相手との関係、相手との親疎、相手の性別などに基づいて、手紙の文体を「である体」にするか、「ます体」にするかを決めます。先輩や自分より身分の高い人や初対面の人に対しては、敬語を使わなければなりません。敬意と尊重の意味を表すことからです。その一方で、友人や後輩や仲の良い人に対しては、親しみがあり、耳馴染みも良い話し言葉を使ってもいいです。

横書きの場合	縦書きの場合
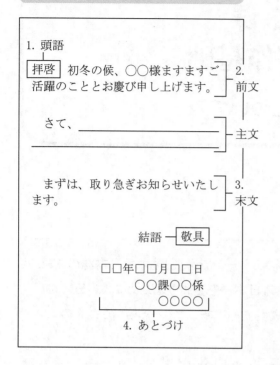	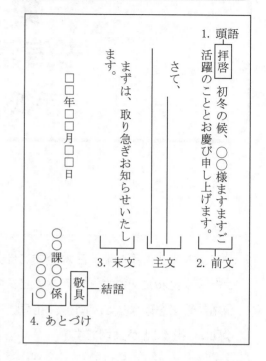

　そして、手紙の形式について、「前文」「主文」「末文」「後付け」「副文」という五つの部分からなっています。

　「頭語」は「拝啓」「前略」「拝復」など、冒頭に書く手紙固有の挨拶語です。

　「前文」の部分では時候の挨拶、相手の近況や安否を尋ねたり、自分の近況や安否を伝えます。

　「主文」のところに、本手紙の本題を簡潔に書かなければなりません。つまり、ここは手紙において一番重要な部分ですから、自分の意思、念願、要求などを明らかにする必要があります。重点を強調し、まどろっこしい物言いはせず長すぎる内容も避けたほうがいいです。

　それから、「末文」のところに入ります。一般的に、結語とか祝福語で終わらせる場合が多いです。結語は「頭語」との組み合わせを考えなければなりません。

　「後付け」の部分は、日付、自署、あて名を入れます。日付は「令和〇年」あるいは「20〇〇年」で書きます。自分の名前は別の行で書いてください。

　最後に「副文」です。「追伸」「追白」「再伸」などの書き方で、また、「附啓」「別記の通り」「本文で書き漏らしましたが」などで表してもいいです。

2. 手紙の構造要素

（1）頭語と結語

　前文における頭語は、手紙を送る相手との関係性や目的に応じて違います。頭語と結語はセットで使われることに注意しましょう。

　おなじみの「拝啓」「謹啓」をはじめ、「拝復（返信の場合）」「前略（急ぎの場合）」など、冒頭に書く手紙固有の挨拶語です。

　女性のプライベートな手紙の場合は省く方が普通です。もしくは、「一筆申し上げます」や「前文お許しください」や「謹んでお手紙差し上げます」など柔らかい表現を使ったほうがいいでしょう。

	頭　　　　語	結　　語
一般的	拝啓（はいけい） 拝呈（けいてい） 啓上（けいじょう） 一筆（いっぴつ）申し上げます	敬具（けいぐ） 敬白（けいはく） 拝具（はいぐ）
改まった手紙	謹啓（きんけい） 恭啓（きょうけい） 粛啓（しゅくけい） 謹呈（きんてい） 謹（つつし）んで申し上げます	敬具（けいぐ） 謹言（きんげん） 頓首（とんしゅ） 敬白（けいはく） 再拝（さいはい）
緊急の手紙	急啓（きゅうけい） 急呈（きゅうてい） 急白（きゅうはく） 取（と）り急（いそ）ぎ申し上げます	早々（そうそう） 敬具（けいぐ） 拝具（はいぐ） 草々（そうそう） 不一（ふいつ）
初めての手紙	初めてお手紙を差し上げます 突然お手紙を差し上げるご無礼お許し下さい	敬具（けいぐ） 敬白（けいはく） 謹言（きんげん） 頓首（とんしゅ） 拝具（はいぐ）

	頭　　　　語	結　語
返信	拝復（はいふく） 復啓（ふくけい） 謹復（きんぷく） お手紙ありがとうございました 御状（貴簡、ご書状、お手紙）拝見（拝読）いたしました	敬具（けいぐ） 敬白（けいはく） 拝具（はいぐ） 拝答（はいとう）
再信	再啓（さいけい） 追啓（ついけい） 再呈（さいてい） 重ねて申し上げます	敬具（けいぐ） 敬白（けいはく） 拝具（はいぐ） 再拝（さいはい）
略式	前略（ぜんりゃく） 冠省（かんしょう） 略啓（りゃくけい） 前文失礼いたします 前文お許し下さい	草々（そうそう） 早々（そうそう） 不一（ふいつ） 不尽（ふじん） 不備（ふび） かしこ

　　頭語は手紙の冒頭に書く「こんにちは」にあたる言葉です。結語も手紙の結びに書く「さようなら」にあたる言葉で、頭語に対応した言葉を使うのが一般的です。

　　手紙を出す相手や状況によって様々な頭語・結語の表現方法があります。

（2）時候の挨拶

　　正式的な手紙の中で頭語のあとにくるのが時候の挨拶です。ここの挨拶は慣用表現が多いですが、気候によって、自分で作ってもいいです。下記は季節感あふれる時候の挨拶の代表例です。

- 寒さもいっそう身にしみる昨今ですが、
- 寒中とはいえ、ここ数日はあたたかい日が続いておりますが、
- 各地の大雪のニュースを見聞きするにつけ、ますます春の訪れが待たれる昨今ですが、

2月	• 立春とは名ばかりで、寒さのきびしい日も少なくありませんが、 • 梅のつぼみもほころぶ季節となりましたが、 • まだまだ余寒きびしい日が続きますが、	
3月	• 日ごとに春の訪れを感じるようになりましたが、 • ようやく日ざしに春らしいあたたかさが感じられるようになりましたが、 • 春とはいえまだまだ冷え込む日も少なくありませんが、	
4月	• 色とりどりの花が咲きそろう季節となりましたが、 • 葉桜が目に鮮やかな季節となりましたが、 • ここ数日の春雨に、朝晩は少々冷え込んでおりますが、	
5月	• すがすがしい風が、青葉若葉を揺らす季節となりましたが、 • 晴天が続いた連休も終わりましたが、 • すがすがしい初夏の風に吹かれ、心もはずむ季節となりましたが、	
6月	• 降り続く長雨に、日の光が恋しい季節ですが、 • 今年もまた庭の紫陽花が美しく咲く季節となりましたが、 • 雨垂れの音が、ひっきりなしに続いている毎日ですが、	
7月	• いよいよ夏本番を迎え、うだるような暑さが続きますが、 • 7月に入り、子どもたちも夏休みを心待ちにしているようですが、 • 大暑を迎え、寝苦しい夜が続きますが、	
8月	• 夏も終わりに近づき、虫の声が聞かれるころとなりましたが、 • 立秋を過ぎたとはいえ、焼けつくような暑さが続きますが、 • 吹く風にいくぶん涼しさが感じられるようになりましたが、	

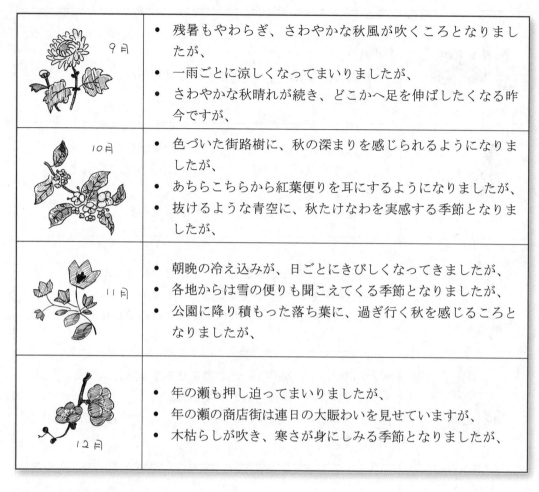

9月	• 残暑もやわらぎ、さわやかな秋風が吹くころとなりましたが、 • 一雨ごとに涼しくなってまいりましたが、 • さわやかな秋晴れが続き、どこかへ足を伸ばしたくなる昨今ですが、
10月	• 色づいた街路樹に、秋の深まりを感じられるようになりましたが、 • あちらこちらから紅葉便りを耳にするようになりましたが、 • 抜けるような青空に、秋たけなわを実感する季節となりましたが、
11月	• 朝晩の冷え込みが、日ごとにきびしくなってきましたが、 • 各地からは雪の便りも聞こえてくる季節となりましたが、 • 公園に降り積もった落ち葉に、過ぎ行く秋を感じるころとなりましたが、
12月	• 年の瀬も押し迫ってまいりましたが、 • 年の瀬の商店街は連日の大賑わいを見せていますが、 • 木枯らしが吹き、寒さが身にしみる季節となりましたが、

(3) ほかの挨拶語

　ここでは、主に相手の近況を尋ねたり、自分の近況を伝えたり、また、感謝や謝罪などの挨拶を指しています。

　時候の挨拶、相手の近況（安否）を尋ねる、自分の近況（安否）を知らせる、というのがいわば三大要素ですが、場合に応じて全部揃っていなくても構いません。

　最近会ったばかりなのに「お元気ですか」などと書くのは違和感がある場合もあります。

　「前略」「冠省」など、急ぐことを示す頭語を使う場合は、前文は省いたほうがいいでしょう。

• **相手の近況に関する挨拶**

> 初冬の候、皆様にますますご活躍のこととお慶び申し上げます。
> こちらのほうはすでに…、そちらはいかがでしょうか。

- 謝りや謝罪に関する挨拶

　もし以前お世話になったこと、相手にご迷惑をおかけしたこと、また、返事が遅くなってしまったことがあったら、「前略」で季候や挨拶を省略しますが、謝りとお詫びする言葉を書くことを忘れないようにしてください。

(4) 主文を構成する「起語」と「本文」

　ここでの起語は、つまり前文と主文をつなげる言葉のことです。本題を伝える前に、前置きとして以下のような言葉を入れることで本文の内容を自然に伝えることができます。

さて　ついては　つきましては　さっそくですが
さっそくながら
実は　時に　突然ですが　このたび
かねてよりお願いしておりました かねてより準備しておりました○○の件ですが

(5) 末文に関する挨拶

　健康を祈る時や返事を求める時に使われます。

　結語は頭語と対応させて「拝啓」なら「敬具」、「前略」なら「草々」などと組み合わせが決まっています。

- 本文を終わらせる挨拶
- 相手の健康や繁栄を祈る挨拶
- 他人の挨拶を伝える挨拶
- 相手にこれからもずっとお世話になることを願う挨拶
- 後で相談することを約束する挨拶

　適当なものを選び、仲の良い友人に手紙を書くときは、場合によって変更してもかまいません。

(6) 後付け

- 日付

　いつこの手紙を書いたかを示すために日付は省略してはいけません。日付は本

文から一行空けて書きましょう。一文字分空白を入れるのも忘れないように。縦書きでは漢数字を、横書きは算用数字を使います。差し出した日、届いた日ではなく、今この手紙を書いた日を書きます。

　しかし、以下の場合には日付の書き方が異なります:

- 年賀状——〇〇年1月1日あるいは〇〇年元旦
- 季候の挨拶——具体的な日付はいりません
- 結婚式、お葬式の通事——

結婚式	〇〇年〇月吉日
お葬式	〇〇年12月、具体的な日付はいりません

- **署名**

他人が執筆した時は、代筆者の名前の左下に「代」という字を添えます。

（7）附記

　主文で漏らした用件を2～3行で補充します。しかし、結婚式やお葬式のお知らせでは、「附記」を書かないほうがいいです。先輩と上司に対してもできるだけ書かないようにしましょう。

追伸（ついしん）	二伸（にしん）
追啓（ついけい）	追って
なお	なおなお

（8）商用書信の例文

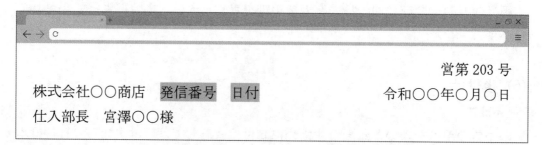

静岡市〇〇町 1-2-3

株式会社〇〇精機

署名　営業部長　川崎〇〇

一行あけて頭語は空白を入れずに書く

拝啓　新緑の候、貴店におかれましてはますますご発展のこととお慶び申し上げます。平素は格別の愛顧を賜り、有難く厚く御礼申し上げます。

行を変えて主文に入る

　さて、このたび弊社員〇〇を、新製品ご説明のため御地へ出張させることになりました。

　貴店には、来る〇月〇日（月）午後に、ご訪問させていただく予定でございます。

　ご引見のほどお願い申し上げます。

まずはご通知かたがたお願いまで。

敬具

記

1.

2.

3.

第 2 课
电子邮件写作基础
• 電子メールについて •

　　ビジネス場面において、重要な書類などは、紙面にてやりとりが行われる場合が多いですが、インターネットでつながっている時代となったため、電子メールが幅広く用いられており、現代社会においては電子メールでのやりとりが増えています。

　　ビジネス文書や手紙を手書きしていた時代に比べて、キーボードやボタンを押すことによって、パソコンや携帯電話を用いた電子メールの作成は簡単に、素早くできるようになりました。

　　まず、簡単に以下のような電子メールの例を示します。

| 发送 | 定时发送 | 存草稿 | 关闭 |

收件人	1234567<1234567@abc.jp>;	————宛先
抄送	2345678<2345678@efg.jp>;	
密送	3456789<3456789@xyz.jp>;	

删除抄送－删除密送｜分别发送

| 主题 | ××案件の提案資料　　（ABC株式会社　前田）————件名 |

📎添加附件｜▼　🔺超大附件　🖼照片｜▼　📄文档　🔲截屏　☺表情　▪▪更多　**A**格式↓　📅日程

正文　株式会社△△　————宛名
　　　田中〇〇様

いつも大変お世話になっております。————あいさつ
ABC株式会社、営業部の前田です。————名乗り

先日は打ち合わせいただき、誠にありがとうございました。
早速ですが、ご提案申し上げました××の件につきまして、————本文
資料をお送りいたします。

```
ご多忙の中、大変恐縮ではございますが、————結び
ご確認のほどよろしくお願いします。
==================================================
ABC株式会社 営業部
前田　○○（まえだ　まるまる）          ————署名
〒555-1234　大阪府○○市△△町 11-22 3F
TEL : 066-3333-3333（直通）　066-9999-9999（代表）
FAX : 066-6666-6666
```

　電子メールの作成を終えたら、以下の項目について、再度確認を行い、メールの［送信］ボタンを押します。

① **誰へ送るのですか。**

　宛先（TO、CC、BCC）は正しい相手でしょうか。メールアドレスは間違っていないでしょうか。宛先の間違いは非常に失礼なことになりますし、個人情報の漏えい、流出につながってしまいます。

② **件名は正しいですか。**

　件名は送付相手の受取人がまず最初に見る情報であるため、非常に重要です。簡潔でかつ内容を表す件名を書き込む必要があります。

③ **本文は読みやすいでしょうか。**

　読みにくいところや誤字脱字はなく、ちゃんと相手に内容を伝えられる文章になっているかを再確認しましょう。

④ **添付ファイルは正しいでしょうか。**

　添付ファイルは正しく添付できているか、また、添付ファイルの容量は大きすぎないでしょうか。添付ファイルに機密情報が含まれていないこともチェックしましょう。

◎ CC と BCC の使い分け

　CC は Carbon Copy の略です。CC は電子メールの他の送付相手にそのメールアドレスに電子メールを送っていることがわかるようになります。

　BCC は Blind Carbon Copy の略です。電子メールの送付相手に送ったことを知られたくない人にメールを送るために利用します。客に一斉メール送信をする際に、客のメールアドレスが他の客にわからないように BCC に入れるのが一般的です。

例文1

件名：10/1（月）アジェンダのご連絡

各位

いつもお世話になっております。
A社の山田です。

明日10/1（月）の本定例アジェンダをご連絡いたします。
アジェンダ1について、各ご担当者さまご報告をよろしくお願いいたします。

1. 各チームのプロジェクト進捗報告
2. ○○案件の計画説明
3. ○○案件の見積もり報告

必要に応じてアジェンダ順を入れ替えますので、ご要望ありました際はお知らせいただけますと幸いです。

株式会社A社
山田

例文2

件名：12/6（火）テレワーク勤務開始

みなさま

おはようございます。土井です。
本日のテレワークを開始いたします。
ネット環境が不安定のため送信が遅れてすみません。

勤務予定: 9:00 〜 18:00
本日の業務予定:
- 朝会 / 夕会
- 案件対応
- ホームページ制作

どうぞよろしくお願いいたします。

WEB 制作課
土井

例文 3

東北外国語大学
〇〇　先生

お世話になっております。
山水大学　入試・広報部の高橋と申します。

山水大学「2022 年度私費外国人留学生募集要項（中国協定校）」電子版を、本メール添付にてお送りしますのでご確認ください。

添付:
- 山水大学募集要項送付文（.pdf）
- 2022_ 中国協定校 _ 私費外国人留学生募集要項（.pdf）
- 2022_ 山水大学所定用紙（.zip）

今年度は、新型コロナウィルス感染拡大の影響により郵送状況が不安定であることから、EMS 等での冊子送付を控えます。
原版冊子の EMS 郵送をご希望の場合は、メールにてお知らせください。

※本メールの添付書類（印刷）での出願は問題ありません。

なお、出願期間は9月6日（月）～9月24日（金）必着となります。

学生選考は、10月12日（火）から15日（金）の期間にオンラインでの面接試験を実施する予定です。

出願状況等により調整をさせていただきますので、ご協力くださいますようお願いいたします。

以上　よろしくお願いいたします。

山水大学　入試・広報部

高橋　真吾　Shingo Takahashi

〒400-8555　〇〇県〇〇市〇〇町666番地

Tel: 055-123-4567　Fax: 055-234-××××

E-mail: sss@yamamizu.ac.jp

例文4

【〇〇大学】年末年始の休業期間について

海外協定校

ご担当のみなさま

お世話になっております。

アパート手配の確認にご協力いただき、ありがとうございました。

こちらで準備を進めて参りたいと思います。

本学は、12/25（金）～1/4（月）まで年末年始の休業期間となります。

　　2021 年度新入生の受入れにつきましては、方針が決まり次第、年明け以降、改めてご案内いたしますので、もう少しお時間をいただければ幸いです。

　　在留資格認定証は現在申請中ですので、発行され次第お知らせいたします。

　　2020 年度より留学を延期されたみなさまの分につきましては、方針の決定まで引き続きこちらでお預かりさせていただきたく存じます。

　　2020 年度は、新型コロナウィルスの影響により予測不可能なことの多い一年となりましたが、みなさまには、ご理解・ご協力を賜り、ありがとうございました。

　　来る一年が、穏やかで希望に満ちたものとなりますよう、心より願っております。

　　どうぞよいお年をお迎えください。

○○大学　学生部

山田　太郎

〒 400-8555　山梨県○○市○○町 666 番地

TEL：（+81）-12-345-6789

FAX：（+81）-12-345-6780

第 3 课
商务文书中的常用敬语
• ビジネス文書における敬語 •

　　良いビジネス文書は読み手を意識して作成されたものです。大切なのは、言いたいことが読み手にはっきり伝わり、納得させることができるかどうかです。そこでもっとも大事なことは、決められたルールを守り、書式に則って文書を書くことです。

　　敬語とは、相手に対して敬いの気持ちを表す言葉です。ビジネスで使う敬語は、上司や同僚など、周囲の人と良好な人間関係を築いていくための基本になるといえます。そして、周囲から信頼を得るためにも、強化しておきたい重要なビジネスマナーになります。ここではビジネス文書における敬語を具体的に説明します。

1. よく使われるビジネス敬語

　　ここでは、よく使われるビジネス敬語の具体的なフレーズを紹介します。

（1）お世話になっております。

　　すでにお世話になっている人に対して使います。「間を取り持っていただいてありがとうございます。」という意味があります。

> **例文**
>
> 「お世話になっております。株式会社〇〇の A です。」「いつも大変お世話になっております。株式会社〇〇の A と申しますが、B 部長はいらっしゃいますでしょうか。」

　「お世話になっております」は、例文のように会話や E メールなどの冒頭で使うことが多いフレーズです。

(2) 申し訳ありません / 申し訳ございません。

　目上の相手や取引先に対して使います。謝罪するときや済まない気持ちを表す時に使います。

> **例文**
>
> 「今日は時間に遅れてしまい、申し訳ありませんでした。」「突然のお願いで申し訳ありませんが、何卒よろしくお願いいたします。」

　謝罪の意味で使用するほか、例文のように相手に手間をとらせてしまうお願いのクッションの役割で「申し訳ございません」を使用することが多々あります。

(3) 幸いです。

　「幸いです」は、一般的に目上の人以外に使えるビジネス日本語とされています。「〜であれば嬉しいです」「〜なら助かります」という意味です。「幸いです」を目上の人に使うときは「幸いに存じます」「幸甚に存じます」などの表現を使うことが多いです。

> **例文**
>
> 「明日までに提出していただけると幸いです。」「本日の会合にご出席いただけると幸いです。」

　柔らかくお願いする言い回しで、丁寧にお願いするフレーズです。一方で、「してもしなくてもいい」と捉えられてしまう場合もあるので、注意しましょう。

（4）何卒…

　あいさつや謝罪を強調する場合に用いる言葉です。主に手紙やメールで使われる表現で、ビジネスシーンでは多用されます。

> **例文**
>
> 「何卒よろしくお願いいたします。」「何卒ご了承ください。」

　「何卒」は、「お願いします」や「ご了承ください」の前につけて使うことで、より丁寧に強調して伝えることができる言葉です。

2. 間違いやすいビジネス敬語

　社会に出る際、敬語はビジネスの場で欠かせない言葉なので、しっかりと身につけておきましょう。丁寧で言葉遣いが正しくできる人は周囲からの評価も高くなるでしょう。

　日常的に使ってしまいがちな間違えやすい言葉遣いや敬語をいくつかご紹介します。

×間違った表現	〇正しい表現
俺、僕、自分、あたし	私、わたくし
あなたの会社	御社（話し言葉）、貴社（書き言葉）
わが社	弊社、当社
ご苦労さまです	お疲れさまです
しばらくぶりです	ご無沙汰しております
すみません	申し訳ございません
ご一緒します	お供させていただきます
参考になりました	勉強になりました
なるほど	おっしゃるとおりです

続　表

×間違った表現	〇正しい表現
いつもお世話様です	いつもお世話になっております
お座りください	おかけください
どうしましょうか	いかがいたしましょうか
わかりました、了解しました	かしこまりました、承知しました
ご注文のお品になります	ご注文のお品です／でございます

次に、状況別に応じて間違いやすいビジネス敬語を紹介します。

(1) お詫び・謝罪
◎すみません
謝る際に使う言葉としては、若干くだけているためビジネス敬語としては向きません。

正しくは、「**申し訳ございません**」、あるいは「**失礼いたしました**」です。
◎謝りに来ました
何か失敗をして謝罪へ行った際に、「謝りに来ました」と相手に言うのも失礼です。聞いている側は「嫌々謝りに来たのか」と印象を持つ場合もあります。また、言葉としても相手を敬っている言葉ではありません。

正しくは「**お詫びに参りました**」です。
◎忘れていました
どうしても、仕事に追われていると上司からお願いされたことを忘れるケースもあるでしょう。しかし、その際に「忘れていました」と伝えるとストレートすぎて、相手を余計怒らせる原因になる場合もあります。

正しくは「**失念しておりました**」です。

(2) 依頼
◎〇〇なんですけど
「〇〇の件なんですけど」と言葉を使っている人もいると思います。しかし、これも間違いです。

正しくは「**〇〇ですが**」、あるいは「**〇〇なのですが**」という敬語が正しいです。

◎あの〜

　文頭に「あの〜」を付ける人もいますが、これは相手に対して失礼です。場合によっては、自信なさげに聞こえるため、相手をイライラさせることも。似た言葉で「えっと〜」というのも、失礼に当たるため使わないようにしましょう。

（3）感謝・お礼

◎ご苦労さまです

　同じ社内の人に対して「ご苦労さまです」というのも、ビジネス敬語としてはふさわしくありません。「ご苦労さま」というのは、目下の人に対して使う言葉です。

　「**お疲れさまです**」という敬語を使いましょう。

◎今日はわざわざ来てもらってすみません

　お客様が会社などに来ていただいた場合に使われています。しかし「すみません」は、相手へ「謝罪」する際に使われるのが一般的です。また、「来てもらって」も軽々しいです。

　正しくは「**本日はわざわざお越しいただきまして、ありがとうございます**」です。

（4）確認

◎〇〇とはお目にかかりましたか

　このビジネス敬語は、相手よりも自分の立場が上であることを示しています。「お目にかかる」は「会う」の謙譲語です。謙譲語ということは、相手を「立ててあげている」ことになり、相手に対して「失礼」です。

　正しくは、「**〇〇とはお会いいただけましたか**」です。

◎どうかいたしましたか

　「いたす」というのが謙譲語になります。確認の場面で自分がへりくだるというのは状況と合っていません。

　よって、正しい敬語は「**どうかなさいましたか**」です。

◎これで結構でしょうか

　「結構」は、目下の人に向けて使う言葉になるため、ビジネスの場面では、使うべきではありません。目上の人への文章で使うのは不適切です。

　正しくは「**これでよろしいでしょうか**」です。

◎どうしましょうか

　この表現は、相手を尊敬しているという意味が含まれていません。そのため、取引先や上司に使うのはふさわしくありません。

　正しくは「**いかがいたしましょうか**」です。

◎**アポイントメントはありますか**

　会社にお客様が来られたときに、誰と会う約束をしていたか確認する場面で使われます。しかし、会社に来たお客様からすれば「せっかく来てあげたのに」という気持ちを持っている場合もあるため失礼に当たります。ここで大事なのは、「申し訳ございませんが、確認させていただきます」という気持ちを伝えることです。

　正しくは「**おそれいりますが、お約束はいただいておりますでしょうか**」です。

(5)　挨拶

◎**お世話様です**

　お世話になっている人に対して使っている人も多いのではないでしょうか。しかし、この言葉自体「敬意」は、ほとんど込められていないため、目上の人や取引先に対して使う敬語としては失礼です。

　正しくは「**お世話になっております**」を使いましょう。

◎**つまらないものですが**

　新年の挨拶などで、手土産を取引先に渡す際に使うことも多いです。昔は、頻繁に使われていました。

　しかし、最近では「つまらないものだったら渡すな」と思う人も出てきているようです。

　よって、「**気持ちばかりですが**」「**ほんのお気持ちですが**」など別の言葉に言い換えて渡しましょう。

◎**しばらくぶりです**

　久しぶりに会う人に対して使う表現ですが、目上の人に使う言葉としては軽い言葉です。

　正しくは「**ご無沙汰しております**」です。

◎**どうも〜**

　久々に取引先の人と会ったときに「どうも〜」と使っている人もいます。しか

し、「どうも〜」自体、明確な言葉の意味を持っていません。

　仮に、使うとしても「**どうも、こんにちは**」と言うように、言葉を付け足して使うのが前提となります。

（6）同意

◎了解しました

　目上の人や取引先に対して、承諾する際に使っている人もいるでしょう。ただ、これは親しい関係の人に使う言葉です。そのため、目上の人に使うと反感をかわれることもあります。

　正しくは「**かしこまりました（承知しました）**」です。

◎なるほどですね

　相手が言ったことに対して、納得、共感した際に使う人も多いでしょう。しかし、「なるほど」には相手を敬う気持ちはありません。最後に「ですね」が付いていますが、だからといって、尊敬語になるわけではありません。

　「**おっしゃる通りだと思います**」が正しいビジネス敬語になるので、注意してください。

豆知識

白い名刺で好感度を高める

　色にはさまざまな視覚効果があり、名刺に使う色によって相手に与える印象を変えることができます。人間関係をスムーズに構築するためには、目的や求める効果に合わせて名刺の色を選び、自己PRにつなげることが大切です。

　白い名刺は、クリーンで純粋なイメージを与えたいときにピッタリです。「これから何か始めたい」「心機一転したい」と思ったら、白を活かした名刺がおすすめです。色の力を効果的に使うことで、名刺を渡した相手に誠実な気持ちが伝えられるでしょう。

单元 **2**

写作方法与写作要点

ビジネス文書の書き方とマナー

求职篇
求職編

　　李想是某外国语大学日语专业本科四年级的学生，将于 2024 年 6 月份毕业，现在正值找工作的时候。对于李想来说，毫无就职准备的思路，不知道从哪里开始，看到周围的同学每天穿着西装出门，自己也开始做找工作的准备了。

第 4 课
履历书等面试前的准备
● 履歴書等面接前の準備 ●

　　履歴書といっても、履歴書に限らず、いろいろな形で企業にアピールすることができます。

1. 履歴書

書き方のポイント

1 日付

　履歴書の日付には、記入した日付を記入し、西暦ではなく元号を使用するのが一般的であります。ポストに投函する場合は、投函日を記載します。

2 氏名

　氏名欄には、正式名称を記入します。また、「ふりがな」と書いてある場合にはひらがなで、「フリガナ」と書いてある場合にはカタカナで読み方を記入します。

3 顔写真

　顔写真は、履歴書の中でもっとも印象を大きく左右するもので、選考結果にも大きく関わります。明るく清潔感のある写真を貼り付けるように意識しましょう。また、写真を撮影する際はスーツを着用します。そして、撮影した写真の明るさなどを調整することは問題ありませんが、過度な加工は避けましょう。

写真屋で撮影してもらう方が仕上がりがきれいで、見た目の印象が良くなります。

4 住所

現在住んでいる住所をマンション名や部屋番号まで正確に記入しましょう。一人住まいで平日昼間に留守にする場合、確実に連絡の取れる場所や時間などを明記しておきます。

5 電話番号

連絡が取れる電話番号を記入しましょう。固定電話を持っていない方は、携帯電話の番号のみ記入します。

6 メールアドレス

連絡が取れるEメールアドレスを記入しましょう。選考に関わる大事な連絡が来る可能性があるため、正確かつ分かりやすく記入するように心がけましょう。

7 学歴

小中学校は卒業年月だけ記入します。(但し必須ではありません)

高校は公立か私立かも明記します。

高等学校、専門学校、短期大学、高等専門学校、大学などは、入学年次と卒業年次を併記し、学部・学科まで明記します。

8 職歴

職歴がある方は、職歴も記載し、なお、学歴と職歴は分けて記載します。職歴がない場合は「なし」と記入します。

行数に余裕があれば、学歴の項目から1行あけます。

原則は全ての入社退社歴を書きます。配属部署まで記入し、職務内容を伝える方法もあります。

9 免許・資格

免許・資格を持っている場合は取得年月と合わせて記入します。

留学生の場合、TOEICやTOEFL、日本語能力試験など語学力にかかわる資格や、特定分野の専門性をアピールすることができる資格は積極的に記入しましょう。

免許・資格は全て記入します。

仕事に直結しないものも積極的に記載します。

取得に向けて勉強中の資格があればそのことも明記します。

10 趣味・特技

多少でも興味があって続けていることがあれば遠慮せず列挙し、出来るだけ具体的に記入してみましょう。

趣味・特技を通じて「得られたこと」「学んだこと」「身についたこと」なども必ず記入し、ここは重要な自己PRのための部分です。

11 志望動機

すなわち、その人が何を求めて就職しようとしているのかを示す部分です。自分の言葉を使って主張が展開されているかどうかが見られるポイントとなります。

12 本人希望欄

特になければ「特になし」と明記し、書き忘れではないことを伝えます。

複数勤務地、複数職種について募集がかかっている場合は、自分の希望勤務地や希望職種を明記します。

写作要点

1 日期

履历书日期一般是自己填写当天的日期，使用元号而不是公历。投寄到邮筒时，要写上投寄日期。

2 姓名

姓名栏填写正式名称。另外，如果要求写"ふりがな"的话，则用平假名填写；如果写的是"フリガナ"，则用片假名填写读法。

3 脸部照片

脸部照片是履历书中给人印象最深的地方，与录取结果有很大关系。要贴明亮干净的照片。另外，拍照的时候要穿正装。调节所拍照片的亮度等是没问题的，但要避免过度的加工。在照相馆拍摄的话，照片会更好看，给人的印象会更好。

4 住址

现住址要准确地填写，精准到公寓名称甚至房间号码。一个人住且平日白天不在家的话，要明确标明可以联系的地方和时间等。

5 电话号码

填写可以联系的电话号码。没有固定电话的人只要填写手机号码就可以。

6 电子邮件地址

填写可以联系的邮箱地址。因为可能会有与录取相关的重要联络邮件发来，所以一定要注意正确、准确地填写。

7 学历

小学、初中只填写毕业年月。（但并非必须）

写清楚高中是公立还是私立。

高中、专科学校、专科大学、高等专科学校、大学等，要同时写清楚入学年份和毕业年份，并标明院系、学科。

8 工作经历

有工作经历的人也要写上工作经历，学历和工作经历要分开写。如果没有工作经历，请填写"无"。

如果行数有空余的话，可以在学历之下空一行再写工作经历。

原则是写入职离职的全部经历。也有要求填写所属的部门、职务内容的。

9 各种执照、资格证

持有各种执照、资格证时，要按照取得年月进行填写。

留学生要积极填写托业、托福、日语能力考试等语言能力相关的资格证以及能够突出特定领域的专业性的资格证。

持有的各种执照、资格证都要填写。

与工作没有直接关系的证书也要积极填写。

如果有为取得资格证正在学习中的情况，也要写出来。

10 兴趣、特长

如果有兴趣爱好和一直坚持做的事，要列举出来，尽量具体填写。

通过兴趣、特长，填写"有何收获""有何习得""掌握何种技能"等，这里是重要的自我宣传空间。

11 志愿动机

即展现本人是为了什么来找工作。这是看能否用自己的语言来叙说自己观点的关键部分。

12 本人希望栏

如果无特殊情况，就标明"无特殊情况"，表明自己不是忘记写了。

如果涉及多个工作地点、岗位的应聘，请注明自己希望的工作地点或希望的岗位。

例文

履　歴　書

年　　月　　日現在

フリガナ				
氏　名				

写真をはる位置

写真をはる必要が
ある場合
1. 縦　36～40㎜
　　横　24～30㎜
2. 本人単身胸から上
3. 裏面のりづけ

年　　月　　日生（満　　歳）	※ 男・女

フリガナ	電話
現住所　〒	

フリガナ	電話
連絡先　〒　　　　　　　　（現住所以外に連絡を希望する場合のみ記入）	

年	月	学歴・職歴（各別にまとめて書く）

年	月	学歴・職歴（各別にまとめて書く）

年	月	免許・資格

志望の動機、特技、好きな学科、アピールポイントなど	通勤時間
	約　　　時間　　　分
	扶養家族数（配偶者を除く）
	人
	配偶者　　　　　配偶者の扶養義務
	※　有・無　　　　※　有・無

本人希望記入欄（特に給料・職種・勤務時間・勤務地・その他についての希望などがあれば記入）

2. 封筒の書き方（宛名面）

　履歴書を送付する場合、封筒で送付することになります。ここで封筒の書き方について紹介します。

書き方のポイント

　一番最初に会社名から書き始めるのが、バランスよく宛名を書くためのコツであります。

① 会社名は求人票を確かめながら、正確に書きます。

②「(株)」などと略さないよう注意します。

③ 都道府県名などを正確に書きます。

④「人事部」など、部署宛の場合は「御中」、担当者宛の場合は「様」をつけます。

⑤ 赤い字で「履歴書（エントリシート）在中」と書いてもいいです。

写作要点

　首先从公司名称开始写，居中书写地址。

① 确认招聘表后，准确填写公司名称。

② 注意不要写"株"等略称。

③ 正确填写都道府县名称等。

④ 寄给"人事部"等部门时，标注"御中"；寄给负责人时，标注"様"。

⑤ 也可以用红字写"内有简历（ES）"。

例文1

＊＊＊＊株式会社

人事部＊＊様

東京都＊＊区＊＊＊＊番地

【履歴書在中】

〒 500-8384

例文2

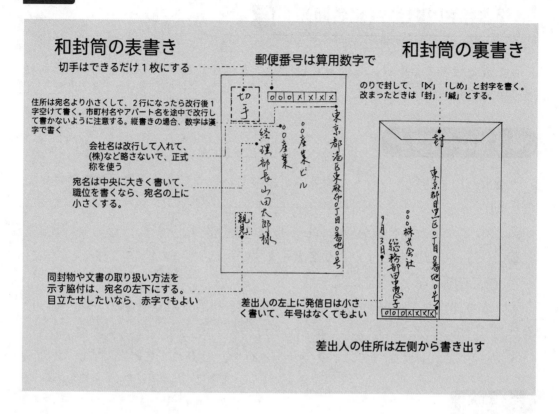

3. 添え状

　「添え状」とは、普段何かを送る際に添える送付書と同じように、応募書類を企業に郵送する際に同封するレターのことです。最近では、履歴書や職務経歴書に加え、企業の採用担当者に対し、「自分を知って欲しい」という熱意や自己PRを伝えることを目的に書かれるようになっています。数多い応募書類の中から、採用担当者に強い印象を与えるためにも、「添え状」を活用することは必要です。

書き方のポイント

1 宛先アドレス

左上に受取人の名前を書き、会社名、部署名、個人名の順に次のように書き

ます。

「株式会社○○」

「人事部　採用ご担当」

「○○○○様」

部署名や個人名がわからない場合は、次のように書きます。

採用担当者の部署名と個人名が不明の場合：「株式会社○○　採用ご担当者様」

部署名は分かっているが個人名が不明の場合：「株式会社○○　人事部御中」

個人名は分かっているが、部署名が不明の場合：「株式会社○○　採用ご担当○○○○様」

会社名などは略称ではなく、正式名称を書きましょう。

② 送付した日付

右上のところに「令和○○年○○月○○日」のように送付した日付を書きます。

面接当日に持参する場合は、その面接日の日付を書きます。

③ 名前と住所

右寄りの位置に自分の住所と氏名を入れます。電話番号やメールアドレスを記載しておいてもいいかもしれません。

〒○○○ – ○○○○

○○県○○市○○町 1-2-34-5678（○○市○○街 34-5678）

電話番号（○○）○○○○ – ○○○○

メールアドレス　　李想

宛名よりも少し低い位置に来るようにします。

④ タイトル

中央の位置にタイトルを入れます。

「○○職求人への応募の件」「応募書類の送付について」などです。

⑤ 本文

タイトルの下から左寄りで本文を書き出します。

「拝啓」などの頭語と時候の挨拶から始めます。次に求人を知った媒体や紹介者を書き、転職などの場合は今までの簡単な職歴を書きます。

それから、送付する応募書類の内訳を書きましょう。最後に面接を希望する旨や「連絡先は携帯電話にして欲しい」などの要望を書いて本文は終わりです。

写作要点

1 目的地地址

在左上角写上收件人的名字，按照公司名称、部门名称、个人称呼的顺序如下书写。

"〇〇股份有限公司"

"人事部招聘负责人"

"〇〇〇〇先生／女士"

如果不知道部门名称或个人称呼，请如下书写。

招聘负责人的部门名称和个人称呼不明时，写"〇〇股份有限公司　招聘负责人"

知道部门名称但个人称呼不明时，写"〇〇股份有限公司　人事部御中"

知道个人姓名，但部门名称不明时，写"〇〇股份有限公司　招聘负责人〇〇〇〇先生／女士"

公司名称等不要缩写，写正式名称。

2 发送的日期

在右上角写上发送的日期"令和〇〇年〇〇月〇〇日"。

面试当天带过来的话，写面试日期。

3 姓名和地址

在靠右的位置写上自己的地址和姓名。也可以填写电话号码或邮箱地址。

〒〇〇〇 - 〇〇〇〇

〇〇县〇〇市〇〇町 1-2-34-5678 （〇〇市〇〇街 34-5678）

电话号码（〇〇）〇〇〇〇 - 〇〇〇〇

邮箱地址　李想

写在比收件人姓名稍微低一点的位置。

4 标题

在中间位置添加标题。

"〇〇求职申请一事""关于求职文件的发送"等。

5 正文

从标题下方左起导出正文。

从"敬启"等头语和时令问候开始。然后写通过何种方式得知招聘信息的，如果涉及转职的情况，写至今为止的简单工作经历。

接下来填写发送的应聘文件的明细。最后写下希望能有面试的机会和"联系的话请打手机"等要求，结束正文。

例文1

令和〇〇年〇〇月〇〇日　株式会社〇〇〇〇商事

人事部採用課　●●　様

〒 999-9999

拝啓

　寒冷の候、貴社ますますご清祥のこととお慶び申し上げます。

　さて、〇月〇日付、〇〇新聞にて貴社の募集広告を拝見し、早速応募させていただく次第です。

　同封の履歴書に記載しましたとおり、高等学校を卒業した後、今の大学に入学しました。専攻は日本語と国際貿易です。四年間日本語を学び、それと同時に、大学の基礎教育を受けました。例えば、日本の歴史と現状、日本の文化、国際金融、国際貿易、英語などの講義を受けました。日本語の科目だけではなく、ほかの科目もいい成績を収めました。

　これまでの大学生活で、数人の日本人教師に接しました。言葉や思想など、様々な面で交流したことで、日本語の会話能力も高まり、日本文化への理解も深まりました。

　そして、自分の長所は、人と交流することが好きで、仲間と一緒に協力して仕事ができることだと考えています。

　もし、貴社で仕事ができるのであれば、貴社のご期待に沿えるよう努力いたします。同封書類をご審査いただき、面接の機会を賜りますよう何卒よろしくお願い申し上げます。末筆ながら、貴社の更なるご発展を心よりお祈り申し上げております。

敬具

例文2

件名：中国語教師 応募の件
〇〇大学
王 先生

お世話になります。
〇〇大学△△学部に在籍している李想と申します。

　中国語教師の集いの求人掲示板を拝見し、ぜひ中国語教師に応募させていただく存じます。

　履歴書と職務経歴書を添付して送付いたしますので、お忙しいところ恐縮ですが、ご査収のほどよろしくお願いいたします。

　ボランティアでの日本の方への中国語レッスンや、学生時代の３か月の短期語学留学で日本の方の温かさに触れ、ぜひ日本で中国語教師になりたいと思っています。

　何卒よろしくお願い申し上げます。

李想

よく使う表現

　① 貴社のご期待に沿えるよう努力いたします。
　② 同封書類をご審査いただき、面接の機会を賜りますよう何卒よろしくお願い申し上げます。
　賜る
　［…していただく］蒙受（賞賜）
　例文：なにかとご教示を賜りありがとうございます。
　［物などをくださる］賜，賜予，賞賜
　例文：勲章を賜る／賜予勲章

4. エントリーシート

　　学生の就職活動には、履歴書の他に「エントリーシート」というものを書く場合が多くあります。

　　履歴書は、学校指定のものや市販のものを使用するのに対し、エントリーシートは企業が指定のフォーマットを提示します。履歴書は、学校やメーカーによって項目が違っていたり、また志望動機など企業にとって注目度の高い項目の欄の大きさも様々なため、得られる情報の量が個人によってばらつきがありますが、その点、エントリーシートは企業側が「何をどれくらい知りたいか」に合わせて作ることができ、自社に応募してきた学生を同じ評価項目で平等に選考できるため、導入されています。

書き方のポイント

　　① エントリーシートを書くときには、その企業の求める人物像をしっかりイメージし、各項目を十分に使って自分自身をアピールしようとします。

　　企業が求める人材像を明確にするためには、自己 PR をしっかり考える必要があります。

　　② また、エントリーシートと面接はセットで考えようとします。面接官はエントリーシートから質問を探し、あなたという人材を測ります。エントリーシートに書いたことは面接で詳しく尋ねられることがよくあります。書いたエントリーシートをコピーしておくのもおすすめです。

　　一般の流れ：エントリシート→企業説明会→エントリシートを提出→SPI・筆記試験→面接→内定

写作要点

　　① 书写 ES 时，要充分了解企业需要的人才条件，并充分运用各项来宣传自己。为了明确企业需要的人才条件，需要好好考虑自我宣传。

　　② 此外，我们还要将 ES 和面试放到一块考虑。面试官在 ES 上寻找问题，考核您这个人。在面试中经常会详细询问写在 ES 上的内容。建议您备份您写

的 ES。

一般流程：ES → 企业说明会 → 提交 ES → SPI · 笔试 → 面试 → 内定

例文

2024年4月　新卒採用　ENTRY SHEET				

説明会参加日	2024 年　　月　　日　AM / PM			
フリガナ	チョウ	学校名	学部/研究	学科/専門
氏名	張	長崎外国語大学	外国語学部	コミュニケーション学科日本語専修

下記内容について、ご記入をお願いいたします。

①学業において何を目標として取り組まれていましたか？ それについてどのような努力をしましたか？ その結果はどうなりましたか？

私は日本語能力試験N1の取得を目標に学業に励んできました。筆記の能力に比べて聴解の能力が低く、それを克服するために毎日日本人の友人と会話をしたり、日本のドラマを見たりして苦手を克服することができました。結果として大学3年の時にN1に合格することが出来ました。

②学業以外の部活動・サークル・ボランティアなどの活動状況についてご記入ください。

活動内容	役講	期間	
バスケットボールサークル	会計	2021 年 10 月 〜	
		年　月 〜　年　月	

③ご自身の長所、短所をご記入ください。また、何故そう考えたのかもご記入ください。

強み	コミュニケーション能力が高いこと
【理由】	知らない人や初対面の人に物怖じすることなく話しかけることができ、すぐに仲良くなることができます

弱み	ストレスマネジメント能力が低い
【理由】	緊張しやすい性格で大勢の前での発表などがあまり得意ではないからです

④ご自身が今までに体験した一番困難な出来事と、それをどのように乗り越えたのかを記入かださい。

日本に来て初めてバスに乗車した際、地名が分からない上にバス内のアナウンスも聞き取ることが出来ずどうしたらいいのか分かりませんでした。中国であれば人に聞くことができますが、日本では中国語が通じないため非常に困りました。そこで、近くに座っていた同年代の人に英語で話しかけ、なんとか目的地につくことが出来ました。

⑤ご自身の今までの経験上でリーダーシップを発揮したことはありますか？ 無い場合は、無記入で結構です。

リーダー経験の有無を選択してください。【 有 ・ 無○ 役講/役割 】

【内容】

⑥アルバイト経験についてご記入ください。直近のご経験から順にご記入ください。

アルバイト先	役講	役割/担当	仕事内容	期間
らーめん柊		ホール	注文を聞く、会計	2022 年 6 月 〜
デイリー		販売レジ	商品の会計	2022 年 8 月 〜
				年　月 〜　年　月
				年　月 〜　年　月

⑦留学経験があればご記入ください。無い場合は、無記入で結講です。

留学経験の有無を選択してください。【 有○ ・ 無 】

よく使う表現

① 強み、または長所。弱み、または短所。

② 学業に励んできました。

③ SPI と呼ばれる日本企業独自の筆記試験。

5. 面接に関する連絡

面接を受けるにあたり、面接日時の確認、面接の辞退などメールの書き方について、ここで紹介します。

書き方のポイント

即決の返事

メールをもらったら、できるだけ早く返事したほうがいいです。日付未定と確定可能な期限を必ず返信してください。確定までに時間がかかる場合、例えば数日おきに経過報告をするなどの状況も考えなければなりません。返信方法や速度によってビジネスマナーや転職意欲を判断することができますので、細心の注意を払ってください。

写作要点

快速答复

收到邮件后，最好尽快回复。请务必回复日期未定和可确定的期限。如果确定之前还需要时间，也要考虑到例如每隔几天进行报告等情况。请注意，根据回复方法和速度可以判断商务礼仪和从原公司离职的意向。

例文1

株式会社〇〇〇〇
人事部　〇〇様
　先日応募させていただきました李想と申します。この度は面接日程のご連絡ありがとうございます。面接日時ですが、ご指定いただきました〇〇月〇〇日〇時に〇〇へ伺います。当日はどうぞよろしくお願い致します。

李想

TEL: 090-△△△△-△△△△
MAIL: aaaaa@ab.cd.ef

よく使う表現

① この度は面接日程のご連絡ありがとうございます。

② ご指定いただきました〇〇月〇〇日〇時に〇〇へ伺います。

例文2

　面接のお時間を頂戴しております、李想と申します。

　誠に申し訳ございませんが、一身上の都合により面接を辞退させて頂きたく、ご連絡差し上げました。

　大変貴重なお時間を割いて頂いたにもかかわらず、身勝手なお願いで誠に申し訳ございません。

　メールでのご連絡になりましたことを重ねてお詫び申し上げます。

　末筆ながら、貴社の益々のご発展とご活躍をお祈りしております。

よく使う表現

① 誠に申し訳ございませんが、一身上の都合により面接を辞退させて頂きたく、ご連絡差し上げました。

② メールでのご連絡になりましたことを重ねてお詫び申し上げます。

③ 末筆ながら、貴社の益々のご発展とご活躍をお祈りしております。／末筆ながらみなさまのご多幸をお祈りいたします。

例文 3

株式会社〇〇〇〇

人事部　〇〇様

　お世話になっております。＊＊月＊＊日に面接をして頂きました李想と申します。

　先日はお忙しい中、面接のお時間を賜りまして誠にありがとうございました。恐れ入りますが、面接の結果につきまして、いつ頃ご連絡を頂けるか、お教え頂くことは可能でしょうか。本来ならば面接時に確認すべきところを、私の不注意でこのようなご連絡を差し上げることとなり誠に申し訳ございません。

　お忙しいところ大変恐縮ではございますが、ご教示頂けますと幸いです。

李想

TEL: 090- △△△△ - △△△△

MAIL:

よく使う表現

　先日はお忙しい中、面接のお時間を賜りまして誠にありがとうございました。

　"中"翻译成"时候"，"お忙しい中"是固定的说法。

豆知識

　面接に何を着ていけばいいでしょうか。

　日本の面接ではスーツを着ることを勧めます。色は無地の紺色で、紺色は正直で知的な印象を与えます。靴は原則的に黒い靴（清潔に保つが、高級感は禁物）です。男性は靴下の色に注意してください。白い靴下に黒い靴を履かないように。

　　女性は薄く化粧をして膝丈のスカートを着用します。実際に座った後を基準にして、短かすぎず長すぎず適当な丈を合わせてください。光が抜けることを避けることができます。ストッキングは肌の色と似たようなものを選び、万一の事態に備えてかばんの中に新しいストッキングを入れておくといいでしょう。

☆ 整洁干净优先，
用发夹分开头发固定在耳后，
用发胶固定起来以免散落。

☆ 套装
推荐选择黑色。

☆ 示人以更干净的印象。

☆ A4公文包
推荐黑色，适用于任何场合。避开看似名牌或浮夸的设计。

☆ 裙子
裙长要适中，略高于膝盖。

☆ 接近肤色的丝袜。

☆ 黑色高跟鞋较正式。

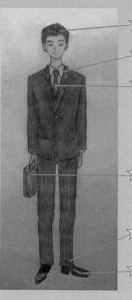

☆ 露出额头，整齐干净。

☆ 白色衬衫较保险，干净又百搭。

☆ 领带
红色：正面而明亮的形象。
蓝色：聪明而真诚的形象。

☆ A4公文包要能直立放置，方便面试时放地上。

☆ 西装裤管略高于鞋子顶部。

☆ 皮鞋选择厚实耐用的鞋跟以免磨损，养成每天擦鞋的习惯。

第 5 课
不录用通知
・不採用通知・

不採用だったら会社から連絡しないというケースも希ではないです。

　会社から直接に「不採用です」とは言われないが、普通、「今回は貴殿のご希望に添いかねる結果となりました」、「誠に残念ながら、今回は採用を見送らせていただきます」のようなことで断ってきます。

　人が足りないとか、他に応募者がいない場合は、その場で「明日から入ってください」と言われる事もあるが、その方が珍しいです。

書き方のポイント

① 会社から直接に断るのではなく、遠回しに断る表現を使います。
② 一般としては、不採用のメールに返事しなくてもいいです。

写作要点

① 公司并非直接拒绝，而是使用委婉的拒绝措辞。
② 一般情况下，不用回复不录用通知的邮件。

例文1

書類選考の結果について
●●　●●様

時下益々ご健勝のこととお慶び申し上げます。

　この度は、弊社の採用試験にご応募いただき、誠にありがとうございました。

　お送りいただきました応募書類にもとづき慎重に選考させていただきましたが、今回は貴殿のご希望に添いかねる結果となりました。

　誠に申し訳ございませんが、何卒ご了承下さいますようお願い申し上げます。

　略式ながら、メールにて通知申し上げます。ご応募いただきましたことに改めて御礼申し上げるとともに、今後のご健勝、ご活躍を心よりお祈り申し上げます。

●●●●株式会社

総務部人事課　採用担当

E-mail: 12345 @ 123.com

よく使う表現

　① 貴殿のご希望に添いかねる。

　② 何卒ご了承くださいますようお願い申し上げます。

例文2

採用試験の結果のお知らせ

●●　●●様

　時下ますますご健勝のことと、お慶び申し上げます。

　さて、今回の弊社入社試験に際しまして、ご来社くださいましてありがとうございました。

　つきましては、慎重に審議いたしました結果、誠に残念ながら、応募多数のため、ご希望にそいかねることになりました。

何とぞご了承くださいますようお願い申し上げます。

末筆ながら、今後貴殿のご活躍をお祈り申し上げます。

よく使う表現

　①　時下ますますご健勝のことと、お慶び申し上げます。／時下秋涼の候、ますますご繁栄のこととお慶び申し上げます。

　②　つきましては、慎重に審議いたしました結果、誠に残念ながら、応募多数のため、ご希望にそいかねることになりました。

例文3

採用試験の結果のお知らせ

●●　●●様

　こんにちは。

　株式会社 xxxx 採用担当の XXXX でございます。

　この度は、当社にご応募いただき、また面接のお時間をいただき、ありがとうございました。

　慎重に選考させていただきました結果、誠に残念ながら採用を見送らせていただくこととなりました。応募書類は責任をもって破棄させていただきます。

　誠に恐縮ではございますが、何卒ご了承の程お願い申し上げます。略式ながら、取り急ぎメールにてご通知いたします。今後とも、ますますのご健勝とご活躍をお祈り申し上げます。

よく使う表現

　①　見送る

例文：今回は採用を見送らせていただきます。

「見送らせていただく」一般用在郑重地拒绝商谈或邀请时。

　②　略式ながら、取り急ぎメールにてご通知いたします。

豆知識

お辞儀の仕方と姿勢

　お辞儀は心を反映するものです。場面に応じて会釈・普通のお辞儀・丁寧のお辞儀3種類のお辞儀を使い分けます。

　首だけを下げるのではなく、腰から折るようにします。膝を伸ばして、踵を付け、つま先はすこし開きます。首を伸ばして顎を引き、背筋を伸ばします。肩の力をぬき、胸を張り、お腹を引っ込めて、心持ち胃を出すつもりです。

　男性はズボンの横の折り目に沿って手を真っ直ぐに置きます。

　女性は指先を揃えて伸ばし、右手を下にして前で重ねます。

　姿勢一つで若く見えたり、自信ある態度にみえるものです。

　会釈は、例えば会社ですれ違う時に使われて、上体を15度ぐらいに傾けます。

　普通のお辞儀は、例えば出勤・退社に使われます。上体を30度ぐらいに傾けます。

　丁寧のお辞儀は、お客様への挨拶です。上体を45度ぐらいに傾けます。

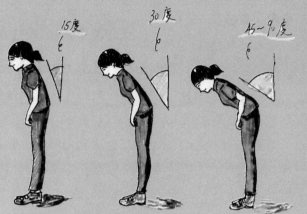

第6课
内定通知

・ 内定通知 ・

内定とは学生が大学を卒業する前に会社から雇用されるという書面約束です。
（メールを通じて行われる場合もあります。）

書き方のポイント

面接が通ったら、日本企業は一般的に「内定通知書」「採用通知書」「雇用契約書」などを送ります。一般的に内定は就業地、職位、福利待遇、給与の決定などの重要内容が含まれています。

写作要点

面试通过后，日本企业一般会发送"内定通知书""录用通知书""雇佣合同"等录取通知。内定通常包括工作地点、职位和福利待遇、定薪等重要内容。

例文1

採用試験の結果のお知らせ
●●　●●様
拝啓
　時下ますますご健勝のことと、お慶び申し上げます。

　　さて、この度は弊社社員採用試験にご応募いただきまして、誠にありがとうございました。選考の結果、貴殿を採用することに内定いたしましたので、ここにお知らせいたします。

　　つきましては、令和××年××月××日までに、入社に必要な手続きをおとりください。今後、これまでのご経験を十分に活かされ、ご活躍されますことを期待いたします。

　　まずは、採用内定のご通知まで。

敬具

よく使う表現

　　① 貴殿

　　例文: 貴殿のご意見を伺いたく存じます。

　　② まずは、採用内定のご通知まで。

　　③ つきましては

　　例文: 明日は会議を行います。つきましては、午前10時に会議室にお集まりください。

例文 2

＊＊社採用のご通知

●●　●●殿

拝啓

　　ようやく春めいてまいりました今日この頃、いよいよご健勝のこととお喜び申しあげます。

　　さて、この度は当社の令和＊＊年度社員採用試験にご応募いただきありがとうございました。

　　慎重に選考させていただきました結果、あなたの採用を決定いたしましたので、ご通知申しあげます。

　　ご入社後のご活躍を期待しております。

敬具

****

●●●●株式会社

●●部　　　●●　●●

E-mail:

よく使う表現

　①　ようやく春めいてまいりました今日この頃、いよいよご健勝のこととお喜び申しあげます。

　②　ご入社後のご活躍を期待しております。

例文3

採用決定の通知

拝啓

時下ますますご清栄のこととお慶び申し上げます。

　このたびは当社の採用試験を受験いただき誠にありがとうございました。

　慎重に選考させていただきました結果、貴殿を当社社員として採用が内定いたしましたので、ご通知申し上げます。

　つきましては、同封の書類に必要事項をご記入の上、ご返送ください。その後ご来社いただく日時につきましては、追ってご連絡いたします。

　なお、入社日までかなり期間がありますので、引き続き学業に専念され、ご健康に留意されお過ごしください。

敬具

記

1. 同封書類　入社承諾書、身元保証書、入社誓約書
2. 提出期限　令和〇〇年〇〇月〇〇日必着

よく使う表現

　① 慎重に選考させていただきました結果、貴殿を当社社員として採用が内定いたしましたので、ご通知申し上げます。

　② その後ご来社いただく日時につきましては、追ってご連絡いたします。

例文4

日本四通株式会社

人事部

〇〇　〇〇様

　大変お世話になっております。

　〇〇大学□□学部〇〇学科の李想と申します。（社会人の場合、「貴社の中途採用に応募しております＜名前＞です」という言葉に転換して良いです。）

　このたびは内定のご連絡を頂き、ありがとうございます。謹んで内定をお受けいたします。

　貴社に内定を頂くことができ、大変うれしく思っております。

　貴社で一日も早く活躍できるよう、努力して参ります。

　何卒よろしくお願い申し上げます。

よく使う表現

① 申し上げます／申し上げる

　　例文: ご案内申し上げます。

　　　　　ご健康を心からお祈り申し上げます。

② この度は採用の内定をいただき誠にありがとうございます。謹んで内定をお受けいたします。

③ 貴社で一日も早く活躍できるよう、努力して参ります。

豆知識

誓約書とは、当事者の一方が守るべき約束事を、相手方に対して遵守する意思を明確に示すための文書です。契約書とは異なり、約束する側のみ署名捺印をします。主にビジネスで利用される書式には「機密保持誓約書」「入社誓約書」などがあります。

では、入社誓約書の例を見てみましょう。

誓約書

今般、私は貴社に採用され、社員として勤務するにあたり、令和〇〇年〇〇月〇〇日より貴社に入社することを確約いたします。同時に下記事項を遵守することを誓約いたします。

1. 私は、社命による転勤・配属転機の命令に対しては従います。

2. 在職中に知り得た下記各号に示される情報、その他貴社に関する情報並びに顧客情報のうちで秘密とされている情報は、第三者に対しては開示しません。これは私が社を退職した後も同様です。

(1) 営案活動で知り得た顧客の情報

(2) 貴社特有のノウハウ及び社内情報全般

(3) 貴社の商品開発の情報

3. 上記情報は在職中、退職後を問わず不正に使用することはいたしません。

4. 在職中に貴社から交付された書類・その他の資料については、これを厳重に保管することとし、退職時には貴社に返還いたします。

5. 在職中は貴社と競合する事業に関しては、自己名義、他人名義を問わず、また直接、間接を問わず関与いたしません。

6. 退職後といえども 6 カ月は貴社と競合する事業に関して自己名義、他人名義を問わず、また直接間接を問わず、関与いたしません。

7. 在職中は貴社の就業規側を守しつつ、任務を遂行いたします。

8. 故意または重大な過失により貴社に損害を与えた際は、その賠償責任を負うこととします。

9. 社員として品格を保持し、人品の向上に努めます。

以上

入职篇
入職編

　　李想终于面试合格进入心仪的公司。初入职场的李想还有很多知识需要学习，让我们跟随李想一起学习入职后的有关知识吧！

　　想从事日语相关工作的同学在刚刚入职的时候都免不了用日语进行一次自我介绍。精彩的自我介绍可以给新同事留下良好印象，那么如何让自己脱颖而出呢？来跟李想一起学习职场新人如何用日语做自我介绍吧！

第 7 课
自我介绍

● 自己紹介 ●

　就活を無事に終え 4 月から新入社員として働きだすみなさんは、入社初日に先輩たちの前で自己紹介を行うことでしょう。就活の間に何度となく自己紹介を行ってきた経験もあるでしょうが、入社後の自己紹介ではまた違った工夫が必要です。今回は、この新社会人の自己紹介をうまくこなすコツについてご紹介します。

　入社初日の自己紹介は、就活で会った人事部の社員や役員といった人たちではなく、一般の先輩社員、また一緒に入社した同期社員の前で行う初めてのものである、という点に留意しましょう。「初対面の印象は当たる」なんて言葉もありますが、最初にどのようにアピールするかはとても重要なのです。

書き方のポイント

① 名前、生まれた場所、大学を述べます。

自己紹介に必須の要素ですから最初にもってきましょう。

② 趣味など、自分の性向について述べます。

趣味、性格など、オープンにできる範囲で簡潔に話すのがおすすめです。同じ趣味の人はシンパシーを持ってあなたに接してくれるでしょう。

③ 抱負や志望などを述べます。

入社時点で配属先が決まってない場合には、希望する部署を明確に話しておいたほうがいいでしょう。その部署の先輩が聞いている場合には、あなたに注目し

てくれるかもしれません。

④ **意欲（やる気）をアピールします。**

新人だから仕事ができないのは当然といえば当然です。だから人一倍努力して早く一人前になるという姿勢は周りから評価されます。自分の目標を発表するなどして有言実行できれば大勢の信頼が得られるでしょう。

⑤ **簡潔にまとめます。**

自己紹介をするのにダラダラと長い話は禁物です。

会ったばかりの興味のない新人の話を上司先輩は長々とは聞いていられません。

伝えるべき要点を整理して簡潔にまとめ好印象を残したほうがいいでしょう。

⑥ **丁寧に話します。**

相手は会社の上司や先輩ですから丁寧な話し方に気をつけるのはもちろんです。

さらに伝えたいことが伝わりやすいように工夫することも大事です。

このようなこと一つ一つが仕事の評価にもつながります。

⑦ **面白ネタは状況に応じます。**

面白い自己紹介はインパクトがあり、周りと一気に打ち解ける可能性があります。

そのため創意工夫という点ではいいと思いますが、職場の雰囲気にもよります。

また行き過ぎたときに逆にマイナスにならないともいえませんので状況判断は大事です。新入社員らしい自己紹介、同僚に覚えてもらえるような特徴のある自己紹介をしてください。

写作要点

① **介绍名字、家乡、所读的大学**

以上是自我介绍的必要要素，在最开始的时候描述。

② **介绍兴趣等和跟自己的性格、性情相关的内容**

推荐将兴趣、性格等在公开范围内尽可能简洁地进行介绍。有着相同兴趣的人会产生共鸣，会和你进一步地接触吧。

③ **介绍抱负和志向**

在刚进公司还没定好去哪个部门的时候，将希望的岗位明确地说出来比较好。

如果那个部门的前辈也在场的话，可能会对你多加留意。

④ **展示自己的干劲**

正因为是新人，所以不熟悉工作也是理所当然的。因此，表现比别人加倍努力、早点独当一面的姿态会得到周围的人的好评。如果能发表自己的目标言出必行的话，会得到更多人的信赖。

⑤ **简洁地总结**

做自我介绍切忌拖沓冗长。上司和前辈没有耐心看刚入职的、不感兴趣的新人高谈阔论。整理应该传达的要点，简洁地总结，留下好印象比较好。

⑥ **礼貌措辞**

对方是公司的上司和前辈，自然要注意礼貌措辞。为了更容易地传达想传达的事情而下工夫就显得尤为重要。此事都与工作的评价息息相关。

⑦ **可根据情况添加有趣的素材**

有趣的自我介绍给人亲切感，可以和周围的人相处融洽。因此，在创意上下工夫虽然很好，但也要看职场的氛围。另外，写过度的语句反而会产生负面影响，所以对状况的判断非常重要。做符合新人身份的自我介绍，让同事们记住你。

以上を踏まえて自己紹介の例をご紹介します。

●新入社員の自己紹介例文 その1　シンプルな自己紹介

営業部に配属になりました○○○です。中国の○○省から来ました。大学は○○大学○○学部です。

体を動かすことが好きなので休日はフットサルをしています。

営業を選んだのは父親が営業マンで小さい頃から見て憧れていたからです。

一日でも早く一人前になり、戦力になれるように頑張ります。

不器用なところもありますが、一生懸命努力しますのでご指導よろしくお願いいたします。

●新入社員の自己紹介例文　その2　趣味をアピールする自己紹介

　おはようございます。今月から経理部でお世話になります○○○です。

　中国の○○省で生まれて、周りが山や川など自然が豊かな田舎で育ちました。

　大学は○○大学で入学のときに都会の人の多さに驚きました。

　趣味はラーメンが大好きなのでラーメンの食べ歩きをすることです。

　こうみえて結構大食いなんです。

　都内の美味しいラーメン屋さんならたくさん知っていますので何でも聞いてください。

　真面目な性格で数字には強い方なので経理部は本当に自分に合っていると思います。

　ご迷惑をおかけすることもあるかもしれませんが、早く仕事を覚えて皆さんのお役に立てるよう頑張ります。

　どうぞ、よろしくお願いします。

●新入社員の自己紹介例文　その3　特技をアピールする自己紹介

　本日入社しました商品企画部の○○○です。

　○○や○○が名産の○○省から来ました。

　子供の頃から○○を食べて育ちました。

　趣味は旅行です。

　学生時代は貧乏旅行ですが、国内・海外いろいろと旅をしました。

　英語も独学ですが会話で困らない程度は話せますので、仕事でもきっと活かせると思い、この仕事を志望しました。

　旅行先のことでご相談があればアドバイスできると思いますので気軽にお声をかけてください。

　はじめは仕事でわからないことも多くご迷惑をおかけするかもしれませ

んが、やる気は人一倍あります!

　早く皆さんに頼りにされるように日々頑張りますので、どうぞよろしくお願いします。

よく使う表現

　① **一日でも早く一人前になる**：できるだけ早く成長して、大人として自立し、自分の力で物事を遂行し、社会的な役割や責任を果たすことを目指すことを表します。具体的には、学業や職業での成長、人間関係やコミュニケーション能力の向上、家庭での自立や貢献などが含まれます。また、社会に貢献するために必要なスキルや知識を身につけ、自分自身の成長とともに、社会に貢献することも重要な要素の一つです。この言葉は、自己実現を目指す人々にとって、目標やモチベーションを高めるために使われることがあります。

　② **不器用（ぶきよう）**：手先が器用でなく、うまく物事ができない、上手くコミュニケーションがとれない、口数が少なく感情表現が苦手など、身体的なものから精神的なものまで、あらゆる面で不得意であることを表します。具体的には、スポーツやダンスなどの運動が苦手であったり、手先が器用でなく、手先を使う作業が苦手であったり、人とのコミュニケーションが苦手であったりすることが挙げられます。この言葉は、自己評価が低くなりがちな人や、周囲の人々とのコミュニケーションが円滑でない人などが自己評価を表現するときに使われることがあります。

　③ **迷惑をかける**：他人に不便や苦痛を与えたり、邪魔をしたりすることを意味します。

　例えば、騒音を出す、時間に遅れる、借りたものを返さない、プライバシーを侵害する、勝手に物を触る、他人の仕事に口を出すなどが挙げられます。このような行為は、相手にストレスや迷惑を与えるだけでなく、信頼関係を損なったり、社会的な評価を下げたりする可能性もあります。したがって、人間関係を円滑に保つためには、相手に迷惑をかけないように注意することが必要です。

④ **役に立つ**：何かの目的や目標を達成する上で、助けや支援になる、あるいは有益であることを意味します。具体的には、問題を解決するための情報や知識を提供すること、手伝いをすること、必要なものを提供すること、励ましやアドバイスを与えることなどが含まれます。

例えば、「役に立つアドバイスをもらった」「役に立つ書籍を読んだ」「役に立つツールを手に入れた」などと使います。一方で、「役に立たない」とは、何らかの理由で、不要である、無益である、手助けにならないという意味になります。

⑤ **入社**：ある企業や団体に新たに就職して、そこで働き始めることを意味します。具体的には、面接や選考を通過し、内定をもらい、その企業や団体に入社手続きを済ませた後、正式にその企業や団体の社員として働くことになります。入社後は、会社の規則やルールを覚えたり、業務内容を理解し、指示に従い、業務を遂行することになります。また、会社と社員との間には、雇用契約が結ばれ、その条件に基づいて、給与や福利厚生などの待遇が与えられます。

⑥ **気軽**（きがる）：何かをする際に、気持ちが軽く、気楽であることを表します。具体的には、簡単にできる、手軽に参加できる、気負わずに楽しめる、気楽な服装で参加できるなどが挙げられます。

例えば、「気軽にカフェへコーヒーを飲みに行った」「気軽に友達と映画を観に行った」「気軽に参加できるイベントがある」などと使います。逆に、「気軽でない」とは、重圧や緊張があり、気軽に参加できない、気楽に話せない、手間や負担が大きいなどの意味になります。

豆知識

日本の職場のスローガン

ほうれんそう

「ほうれんそう」は「菠菜」という意味です。しかし、日本の職場ではその発音を利用して三つの単語の始めの文字を合わせて「ほうれんそう」になるというスローガンがあります。

ほう ― 報告（ほうこく）→报告

れん ― 連絡（れんらく）→联络

そう ― 相談（そうだん）→讨论

　この三つの原則は最初から日本の職場ですべての職員が簡単にできる環境を作らなければならないということですが、「従業員一人一人が守るべき義務」という意味で使われています。

かくれんぼう

　今の仕事のやり方に合わないと思う人もいるので、「かくれんぼう」というスローガンが出てきました。「かくれんぼう」は「かくれんぼ」とも呼ばれ、「鬼ごっこ」という意味です。

かく ― 確認（かくにん）→确认

れん ― 連絡（れんらく）→联络

ぼう ― 報告（ほうこく）→报告

第8课
研修报告书
· 研修報告書 ·

> 李想终于通过了面试成功入职，迎接他的首个挑战便是入职培训。入职培训结束后需要提交培训总结，李想正因无从下笔感到苦恼。无论是研讨会还是职工培训，职场中经常会用到培训总结，快速掌握其写作方法更是一名合格"打工人"的必备技能。下面我们就和李想一起学习如何写培训总结吧。只要掌握要领，就可以轻松搞定！

書き方のポイント

1. 企業によってはあらかじめ指定された報告書の様式に記入していくケースも多いです。ですがフリースタイルでまとめる場合、必ず記載すべき基本項目は以下の通りです。

　a　作成日

　b　所属部署・氏名

　c　レポート内容のタイトル（新人研修報告書・研修報告書など）

　d　序文

（序文としては、文書の概要を1行程度で書けばいいです。研修報告書の場合、「このたび、下記のとおり研修を受講しましたので、ご報告申し上げます」という具合です。）

- テーマ「〇〇研修」

- 日時

- 開催場所
- 主催者名
- 研修内容
- 研修の感想

2. 報告書の最後、本題である「研修の感想」では、以下の 2 点を明確にしなければならない。

内容: 何を学んだか

成果: 今後の仕事にどう活かせそうか

当たり障りのない感想文だと、「真剣に研修に参加していなかったのでは?」と思われかねないので、研修を通じてを学んだことを具体的に伝える必要がある。つまり、「ためになりました」「感銘を受けました」といった文字通りの"感想"だけではいけない。「何が」ためになったのか、「何に」感銘を受けたのかを、具体的に伝えてください。そのうえで、自分なりに考えたこと・気づいたことなど主観的な意見を添えるといいでしょう。

写作要点

1. 很多公司要求员工用固定模板写培训总结，如果没有给定模板或格式，撰写培训总结时必须写出以下基本内容。

a 撰写日期

b 所属部门和姓名

c 报告的标题（《新员工入职培训总结》《培训总结》等）

d 序文

序文只需用一行字概括文章的概要即可，如"本人有幸参加了此次新员工入职培训，并作如下汇报"。

- 题目《×× 培训》
- 日期
- 培训地点
- 主办者
- 培训内容
- 培训的感想

2. 最后的"培训的感想"部分，是报告的中心主旨，须写明以下两点。

内容：学到的内容

成果：如何应用到工作中

感想写得不痛不痒的话，会给人敷衍了事的印象，因此培训总结必须写得具体深入。也就是说，仅仅是"有所收获""有所体会"这种浮于表面的"感想"是不行的，要具体写出收获了"什么"，体会到了"什么"。此外，也可以写一写自己独特的见解和发现。

例文1

令和5年4月10日

営業部 ××××

研修報告書

このたび、下記のとおり研修を受講しましたので、ご報告申し上げます。

テーマ：基本的なビジネスマナーについて

日時：令和5年4月3日

場所：弊社会議室

研修概要

対人・電話対応のマナー

文書作成のマナー

「報連相」の原則

感想

　今回の新人研修では、基礎的なビジネスマナーをひととおり教えていただきました。身だしなみや名刺交換、ビジネス敬語、資料作成、報連相の徹底など、業務に欠かせないマナーを丁寧にご教授いただき、△△△△さんにはたいへん感謝しております。

　今後の業務では、今回の研修で教わった内容をひとつひとつ徹底し、一日も早く一人前になれるよう励んでいく所存です。

例文2

令和 5 年 4 月 10 日

経理部 ××××

研修報告書

このたび、下記のとおり研修を受講しましたので、ご報告申し上げます。

テーマ: 効率的な Excel 活用術

日時: 令和 5 年 4 月 3 日

場所: 弊社会議室

主催者名: 株式会社××××

研修内容

上級者向けの「関数」

知っておくと便利な Excel 操作

マクロ入門

実践演習

感想

　今回の研修では、Excel をより使いこなすための知識を数多く学べました。なかでも「マクロ」の機能を使うと業務を大幅に効率化できると知り、目から鱗が落ちました。

　今回学んだ知識を業務に活かしながら、本やインターネットでの自主学習も重ね、さらなるスキルアップを目指したいと思います。

例文3

作成日: 令和 5 年 4 月 10 日

所属部署・氏名: 営業部 ××××

タイトル: 研修報告書

序文: このたび、下記のとおり研修を受講しましたので、ご報告申し上げます。

テーマ: リーダーシップ研修

日時: 令和 5 年 4 月 3 日

場所: 東京〇〇ホテル「鶴の間」

主催者名: 株式会社××××

内容

組織で求められるリーダー像とは

マネジメントの基本

部下の成長を促すには

感想

　今回の研修では、企業内で求められるリーダー像や、チームの士気の高め方、部下への接し方など、リーダーとして必要なスキルや心得が学べました。

　部下たちとは十分にコミュニケーションをとっているつもりでしたが、まだまだ不十分であったことを実感し、深く反省しました。今後、部下がミスをしたときや、チームの動きが悪くなったときなどには、今回の研修内容を思い出しながら、リーダーとして正しく振る舞えるよう努める所存です。

豆知識

　一口に新人研修といっても、実はいくつかの種類があります。研修の種類によっても研修報告書の書き方のポイントは多少異なります。ここでは参考までに、それぞれの研修の種類ごとに記載しておきたいポイントをまとめてみました。

新人研修の種類	研修報告書の書き方のポイント
マナー研修	• 理解できたこと • 難しかったこと • 特に新たな気づきが得られた部分などを記載
技術研修	• 絶対にやってはいけないこと・注意点 • 習得できた計算式 • 間違えやすいポイントなどを記載

続　表

新人研修の種類	研修報告書の書き方のポイント
ロールプレイ研修	• 周囲からの指摘事項 • 自分ならではの気づき • 無意識で分かっていなかったことなどを記載
コミュニケーション研修	• 報連相の重要ポイント • 理解できたこと • 特に新たな気づきが得られた部分などを記載

第9课
日　报
• 日報 •

> 　　写好工作日报是一名"打工人"应掌握的基本功。这不仅有助于自身的进步，也是与领导和其他同事及时沟通的有效机制。
> 　　工作日报也称工作日志，指员工把当天完成的工作任务量和工作收获写成简短的总结，有时也可把第二天的工作计划、工作目标等一并写进日报，交给自己的上级或有关领导审阅。周报、月报也是一样，领导对员工提交的周报、月报进行审阅后要给予反馈。

書き方のポイント

① 日報に含まれる内容

　　企業・部門によってはあらかじめ指定されたテンプレートやアプリに記入していくケースも多いです。ですがフリースタイルでまとめる場合、必ず記載すべき基本項目は以下の通りです。

- 日付
- 所属部署・氏名
- 今日の目標
- 今日の業務内容
- 良かった点
- 課題点と改善点

今日の目標

ここでは「1 日で何を達成したいか」という具体的な Plan（計画）を策定します。また、「なぜそのような目標や計画を策定するのか、そのために何をすべきか」といった仮説を立てて、Do（実行）段階につなげましょう。

業務内容

実際に実施した業務内容を記入します。実行したことだけでなく、計画通りに進まなかったことや発生した課題も漏れなく書き出しましょう。

良かった点

結果をもとに評価（Check）を書き出しましょう。まずは良かった点を挙げ、さらに「なぜ上手くいったのか」という要因を分析しましょう。

改善点

計画通りに実行できなかった要因を改善点として、今後とるべき対策を書き出しましょう。改善点と対策を合わせて記入することで、次の Action（改善）につながりやすくなります。

以上のように、PDCA 日報には PDCA サイクルの流れにのっとった項目を設定しましょう。また、内容は定性的 / 定量的の両面から具体的に記入しなければ、日報を書くことが目的になり、業務改善にはつながらない取り組みで終わってしまいます。

② 作成時の注意点

① 内容に具体性を持たせる

1 つ目は、内容に具体性を持たせることです。そうすることで、第三者から見てもわかりやすい日報を書くことができ、正確に情報を共有することができます。例えば、業務として「営業同行」を行ったとしましょう。このことを日報に書くとき、ただ「営業同行」と書くだけだと、確認する上司は、「どこにいったのか」「誰といったのか」「何を営業していきたのか」といった詳細な情報がわからないので、新入社員の業務内容を正しく把握できないことになります。それでは、日報として不十分です。各項目の内容は、第三者に読まれることを想定して、具体的に書くようにしましょう。

実践のコツとしては、「5W1H」を心がけるのがおすすめです。「When ＝いつ」「What ＝何を」「Who ＝誰」などを意識することで、日報に記さなければならない内容全てが完全にカバーでき、内容に具体性を持たせることができます。

2 要約する

2つ目は、要約して書くことです。日報は、とにかく量を書けばいいというものではありません。内容に不必要な情報まで含めてしまうと、本来伝えるべき情報が埋もれる恐れがあるためです。日報を書くときは、伝えたいことや要点を絞り、文章を要約するように心がけましょう。

実践のコツとしては、文字数に制限を課すことが有効です。100文字以内といったように上限を設ければ、その範囲に情報を収めなければならなくなるので、文章を要約するトレーニングになります。

3 気づいたことはその都度メモを取る

3つ目は、業務時間中に気がついたことは、その都度メモを取るようにすることです。日報は1日の終わりに提出するケースが多いので、退勤時間の間際に記入するのが一般的ですが、そのときになって、全ての内容を書こうとすると、書きたいことを忘れてしまっている場合があります。それではもったいないので、業務時間中に得た気づきや日報に書きたいと思ったことは、その都度メモを取るようにして、あとでまとめるといったように書けるとよいでしょう。

4 読み手の存在を意識する

4つ目は、読み手の存在を意識することです。当然ですが、日報は誰かに読まれるために作成するものです。作成した日報は、上司や教育担当者、チームメンバーなど、社内のさまざまな人間に読まれることになります。

社会人になるまでに、読み手を強く意識して文章を作成する機会はそうそうないかと思います。そのため、初めて日報を書く新入社員の方の中には、書いた文章の先に読み手がいることを念頭に置けず、目の前の項目をただ埋めるだけの意識で日報を書いてしまうことがあります。

そのような心構えで文章を作成すると、機械的な表現になりやすいので、最低限の情報は伝達できたとしても、読み手を感心させられるようなクオリティに仕上げることは難しいといえるでしょう。書けばよいという意識なので、誤字脱字を見過ごしやすいデメリットもあります。

「自分が書いた文章は、誰かに読まれるものなんだ」という視点をもつだけで、文章作成に対する意識が変わります。読み手の目線で文章を書けるようになり、そうなると、読み手が求めているものが見えてくるので、書くべき内容も自ずとわかるようになるのです。そのため、日報を作成する際は、読み手がいることを

意識して書くことをおすすめします。

写作要点

① 日报的基本内容

很多公司、部门要求员工用固定的模板或 App 撰写日报，如果没有给定模板或格式，撰写日报时必须写出以下基本内容。

- 日期
- 所属部门和姓名
- 今日目标
- 今日工作内容
- 结果和收获
- 待解决问题

今日目标

制订今日具体计划（Plan：今天想完成什么目标?）。思考"为什么要制订这样的计划? 为此应该做什么?"，以便更好地开展工作。

今日工作内容

写下实际开展的工作内容。不只是记录成功的内容，进展不顺利或发生了意外的课题，也都要全部记录下来。

结果和收获

根据结果作自我评价。首先列出成果，再分析原因、总结经验。

待解决问题

将造成工作进展不顺利的主要原因列入待解决问题中，制订今后应采取的解决对策。同时写下问题和对策更有助于改进和完善今后的工作。

如上所述，写日报时，按照 PDCA 循环［Plan（计划）、Do（执行）、Check（检查）和 Action（处理）］总结当日工作是一个不错的方法。只有定性定量地、具体地记录工作才能真正发挥日报的作用，便于更好地开展工作。

② 注意事项

1 内容具体化

第一，内容要具体。这样一来，就能写出便于第三方理解的日报，也能正确地共享信息。以"陪同领导见客户"为例，如果直接在日报上写"陪同领导见客户"，

读日报的领导便无法准确把握新员工的工作内容，包括"前往目的地""陪同领导是谁""和客户谈的具体项目和内容"等详细信息。这样的日报就无法真正发挥作用。考虑到日报阅读者的感受，要具体地记录各项内容。

制作日报时，围绕"5W1H"记录是一个不错的方法。"When（什么时候）""What（什么事）""Who（谁）"等，将这些信息涵盖其中，使内容更为具体。

2 写提要

第二，写提要。日报不是字数越多越好，如果不分主次，会让人抓不住重点。因此，写日报要突出重点、归纳要点。

制作日报时限定字数是一个好主意。如规定字数为100字以内，就会不得不选取重要内容，逐渐便会得心应手。

3 随时记录

第三，工作过程中产生的好想法，要随时记录下来。一般情况下，公司要求下班时提交日报，因此员工通常在临近下班时匆忙写日报。但到了最后关头可能会忘记一天的工作内容，影响工作效率。所以工作过程中如果闪现了好的想法或想要写入日报中的内容，一定要及时做笔记，到最后只需整理总结一下即可。

4 照顾读者的感受

第四，要考虑读者的感受。日报是提交给别人阅读的职场文件。领导、指导者、团队成员等公司里各种各样的人都可能成为你提交的日报的读者。

在参加工作前，我们虽然经常写作文，但好像很少特别顾及读者是否容易理解。因此，很多新员工在初次写日报时通常不会考虑读者的感受，只是按照要求和所给项目机械记录而已。

如果抱有这样的态度，你的日报即使能记录下基本信息，但会产生表达生硬机械的问题，无法抓住读者的心，降低文本质量。这种"随便写写就行了"的敷衍的态度也会造成错字漏字的问题。

只要心中有读者，明确"自己写的内容是会让别人看的"这一点，写日报时态度就会发生改变。这样，读者想要的信息就很明确，该写的内容也很容易理解。如果能学会考虑读者的接受情况，在写日报时，就能有的放矢、有所侧重。总之，制作日报时一定要心中有读者。

例文1

新人日報		
部署	営業部	日付
氏名	李想	2022 年 4 月 29 日（金）
今日学んだこと		
新人研修において、営業職に必要とされる基本的なビジネスマナーや常識を営業課長よりご教授いただきました。身だしなみや、ビジネス敬語、資料作成、メール・電話対応、テレアポ、報連相の徹底など、業務に欠かせないマナーを一通り学びました。		
気づき		
今回の研修では、社会人としてのビジネスマナーを学ぶことができました。学生時代には意識をしていなかったことが多かったため、大変学びが多い研修でした。特に、報連相を行うことが業務では多く発生すると思うので、今回学んだ報連相のタイミングに気を付けていきたいと思います。		
疑問点		
上司に相談する時には、自分の考えを持ったうえで相談すると研修で学びましたが、考えても自分の考えが出てこない場合のやり方に悩んでいます。		
上司のコメント		

例文2　時系列で書く場合の例

業務日報		
部署	営業部	日付
氏名	李想	2022 年 9 月 5 日（水）
今日の業務内容		

- 10 時～ 12 時　インサイドセールス研修
- 13 時～ 15 時　サニー社にて開発チームの劉さんに同行
  製品アピールのために、サニー社営業部課長高田さんに新機能について説明

• 15 時〜 17 時 製品のアピール資料作成（10P） 　小原田課長に確認してもらう • 17 時 夕礼、退社

良かった点
• インサイドセールス研修において、メールや電話、Web 会議などのツールによる非対面での営業活動でお客様と信頼関係を構築するためのスキルを学びました。 • サニー社向けによりビジュアル面で訴求できる資料を作成した。また、今回作成した資料は骨子案として他でも活用できるようにしたい。

課題点と改善点
• サニー社高田さんにアピールする時間をいただいたが、今回ははっきりとした返答がもらえなかった。短時間でもすぐに説明できるように、営業文を自分で作っておきたい。 • 資料作成時間短縮のために、企画会議で使った資料を活用できるようにしたい。

例文3 重要なものを箇条書きで書く場合の例

業務日報		
部署	営業部	日付
氏名	李想	2022 年 5 月 25 日（月）
今日の目標		

• 「販売促進支援システムの構築」プロジェクトのミーテイングで自分が担当する業務についてしっかりと提案すること • Web 会議にて新製品「ナノケアドライヤー」をしっかりと紹介すること

今日の業務内容
• 社内会議 • 新製品「ナノケアドライヤー」紹介の Web 会議の参加 • クライアント対応 　五菱社への対応を終え、無事に解決 • 「販売促進支援システムの構築」プロジェクトのミーテイング • サニー社訪問・商品受注の商談

続　表

今日の結果
・五菱社より製品に関する不具合のクレームを受けたものの、研修で学んだ対応方法を生かし無事解決することができました。 ・サニー社による商品受注の商談がまとまりました。

良かった点
・五菱社への対応において、連絡を受けてすぐに折り返し、解決策を伝えることで安心していただくことができました。素早く、具体的な方法を提示する重要さを学びました。 ・サニー社との商談時に利用した資料が「分かりやすい」と好評でした。

課題点と改善点
・「販売促進支援システムの構築」プロジェクトのミーテイングにおいて、今後のスケジュール案を提案できなかったため、関係部署と調整しながら改善策を考えていきたい。 ・新製品「ナノケアドライヤー」の紹介に Web 会議を利用したが、思うような反応が得られなかった。

豆知識

作業日報は手書きよりもアプリで効率アップ！

　作業日報の書き方を紹介しましたが、やはり自分で書くとなると手間も時間もかかってしまいます。書き方に悩んだら、アプリと使うと効率よく作業日報を書くことができます。

　アプリでは、作業日報のテンプレートに沿って書き込んでいくだけなので、手書きが苦手な方でもあらかじめフォーマットがあるため抵抗なく書けるのではないでしょうか。

　アプリによって、業務内容の種類も様々なものがあるので、形式が時系列のものやタスク別のものなど業種にあった種類を選ぶことができ、業務効率が上がったと好評です。

　また、手書きの場合、過去の作業日報の保管場所や破棄する手間などの問題もありますが、アプリの場合は入力した情報をデータ化し蓄積・分析したり、社内での情報共有がしやすくなったりするという会社側のメリットの他、スマホや外出先から入力しやすいなど、入力する社員の手間を省くことができ、忙しいビジネスマンにおすすめです。

社内篇
社内編

　　李想已经渐渐适应公司的工作流程。在公司内部也应学会写内部文书，让我们跟随李想一起来学习如何撰写公司内部文书吧！

　　公司内部文书是指在公司内部使用的公文。可能大家想了解公司内部文书的基本书写方法，以及上司和部下在不同立场下社内文书写法的差异。这次将为大家介绍公司内部文书的主要种类、概要、基本项目、构成以及写法等要点。同时也会给大家展示报告书、请求书等的写作范文。

第 10 课
申请书

● 申请書 ●

社内向けの申請書｜基本フォーマット
　ビジネスシーンでは様々な種類の申請書が使用されています。ここからは、社内向けの申請書の種類と概要について解説していきます。

1. 社内向け申請書の種類

　社内向けの申請書は、所属する企業の制度によって異なりますが、広く共通して使用される申請書は下記のとおりです。

① 勤怠・休業関連の申請書

　勤怠や休暇に関連する制度を利用する際に、従業員は社内の規定に則って申請書を提出します。たとえば、原則残業禁止というルールがある企業で、残業が発生する際に「残業申請書」を提出します。

　また、在宅勤務を行う際に許可を必要とする場合は、「在宅勤務許可申請書」を提出します。これはリモートワークが普及したことで取り入れる企業が増えている傾向にあります。その他「有給休暇申請書」や「育児休暇申請書」などがあり、基本的には従業員が就労にあたって特別な対応を求める際に申請書のやり取りが生じます。

② 健康・労災関連の申請書

　健康や労災に関する報告をする際にも申請書は使用されます。たとえば、「人

間ドック受診申請書」は、人間ドックを受けるときに提出する申請書です。加入している健康保険組合と連動して予約をする際にも活用されます。

　また、災害や事故が発生したときは企業側に補償義務が生じ、労働基準監督署に「労働災害事故報告書」を提出しなければなりません。労災関連の申請書は事故発生時の状態などを報告するため、現場の状態が分かるように記載します。

③ 備品・文書管理関連の申請書

　備品や文書の利用・管理の際にも申請書が必要です。貸出しや持ち出しの実態を記録として残すため、事前提出が徹底できれば備品の損失リスクの軽減につながります。たとえば、会社で共用の端末やポケット Wi-Fi を社員に貸与している場合、「モバイル機器利用申請書」を設けているケースがあります。

　ほかにも過去の社内文書を利用する際に「文書貸出記録」などの書面で申請をするケースもあります。これも、誰に何の文書を貸出したかを記録することで紛失を防ぐ役割があります。

2. 社内向けの申請書は基本的に 3 部構成

　社内向けの申請書のフォーマットは基本的に「前付け」「本文」「付記」の 3 部構成となっています。それぞれの内容は次のとおりです。

① 前付け

　前付けは「いつ」「誰に対して」「誰が」発信したのかを明確にします。主に記載する情報は① 文書番号、② 文書を発信する日付、③ 宛先情報、④ 発信者情報です。

② 本文

　本文には、具体的に何を申請したいのかを明確にするため⑤ 件名、⑥ 申請内容・主文、⑦ 記書き（箇条書きによる詳細）を記載します。

③ 付記

　追記や添付書類を明記する項目として、付記を設けます。こちらには⑧ 追記、⑨ 末尾、⑩ 担当者名を記載します。

〇〇第〇〇〇号　①
〇〇年〇月〇日　②

〇〇部〇〇課　③
　〇〇〇〇殿（様）

　　　　　　　　　　〇〇部長〇〇〇〇印　④
　　　　　〇〇〇〇について（〇〇）⑤
□□□□□□□□□□□□□□□□□□□□□□□□□□□□
□⑥
□□□□□□□□□□□□□□□□□□□□□□□□□□□□
□□□□□□□□□□□□□□□□□□
　　　　　　　　　　　記
　1.　□□□□□□□□□□□□□□□□□□□□□□□　　⑦
　2.　□□□□□□□□□□□□□□□□□□□□□
　3.　□□□□□□□□□□□□□□□□□□□□□
なお、□□□□□□□□□□□□□□□□□□□□□□□□　　⑧
　　　　　　　　　　　　　　　　　　　以上　⑨
　　　　　　　　担当　〇〇部〇〇課　⑩
　　　　　　　　　　　〇〇〇〇
　　　　　　　　　　（内線〇〇〇〇）

書き方のポイント

　①　どこの会社でも、ほとんどの届出書をフォーム化しているので、必要箇条に漏れなく書けばいいです。理由が必要な場合は簡潔に書きます。

　②　特に欠勤・休暇・遅刻などの届出書は早めに出します。これを怠けると、処罰対象になるだけでなく、同僚や仕事先にまで迷惑が及びます。

　③　医師の診断書、戸籍謄本、住民票など、必要書類は添付します。

　④　まず挨拶文を省略し、主文から記述します。社外に提出する資料ではないので、挨拶文を書く必要はありません。そして、文体を敬体に統一します。要点を

素早く伝えることを目的としているので、読みにくい常体に比べて、読みやすい敬体を使うことが情報を素早く伝えるのに役立ちます。

⑤ 一般的に、申請書は Excel や Word で記入されています。一度記入した申請書はテンプレートを残すことができ、作業効率の向上に役立ちます。さらに効率性を高めるには、すべての申請に使用できる高汎用性テンプレートを作成することで、作成時間が大幅に短縮されます。

写作要点

① 不管哪个公司，申请类文书几乎都有固定的格式，所以只要按必要的栏目填写就可以了，注意不要漏填，如果有必要，应写上简明的理由。

② 特别是缺勤、休假、迟到等的申请书应及早提交。否则，不仅会受到惩罚，也会给同事或客户带来麻烦。

③ 根据需要附上医生的诊断书、户籍复印件、居民证等必需的材料。

④ 首先省略问候语，从正文开始记述。因为不是向公司外提交的资料，所以没有必要写问候语。然后，将文体统一为敬体。出于快速传达要点的目的，与难以读懂的常体相比，使用容易读懂的敬体有助于快速传达信息。

⑤ 一般来说，申请书是用 Excel 或 Word 填写的。填写过的申请书可以留下模板，有助于提高工作效率。要进一步提高效率，创建可用于所有申请的高通用型模板将大大缩短完成时间。

例文1　備品購入のため

（高額なものを購入する際には、備品購入の稟議書が必要です。今回はタブレット端末におけるサンプルです。）

令和 3 年 02 月 15 日

営業部長　鈴木様

営業用タブレット端末の購入について

作業効率向上のために、以下についてご検討のほどよろしくお願いいたします。

記

対象製品：○○社製　○○タブレット　ABC-DEF11 型

価格：1 台 45,000 円

数量：5 台（営業部員 1 人 1 台必要となるため）

理由・背景：営業提案の説得力を高めるための資料全てを持ち歩くことは困難。

しかしタブレットがあれば、資料の持ち運びの負担が減らせる。

また資料の印刷忘れやカタログ不足などのリスクも軽減可能。

さらにペーパーレス化を促進でき、経費削減も期待できる。

添付資料：作業効率に関する計測データ 1 通

○○タブレット　ABC-DEF11 型　カタログ

以上

担当　営業部　李　想

（内線○○○○）

例文2 接待のため

令和 3 年 03 月 07 日

営業部　長島様

大田社との懇談会について

目的：大田社営業部長上田様との接待

金額：14 万円

接待場所：レストラン K

接待予定日：2021 年 03 月 21 日

導入理由：長らく取引を行ってきた大田社の中川様が退職され、上田様が取引を引き継がれることになりました。今後も良好な関係を維持するために、一度改めて顔合わせを行う必要があると考えられます。

以上

担当　営業部　李　想

（内線○○○○）

例文3　出張のため

管理 No. 2658

出　張　申　請　書

申請日　2022 年 10 月 14 日

所属　　営業部第一課

社員番号 391026

氏名　　　李　想

出張について下記の通り申請いたします

出張先	大阪		
出張目的	株式会社 JTP へ新製品商談および株式会社 KTL 創立記念パーティー参加		

出張期間	出発日	10 月 27 日	出発時刻	10:00
	帰省日	10 月 28 日	帰省時刻	15:00

概算旅費			
日にち	適用	費用	目的・予定等
10 月 27 日	新幹線　東京 ↔ 新大阪	￥39,800	交通費（往復）
10 月 27 日	JR 新大阪 ↔ 大阪	￥398	交通費（往復）

続　表

10 月 27 日	大阪ビジネスホテル	￥4,780	宿泊費	
日当		￥44,978	1	日分
合計		￥85,176		

（総務使用欄）

	部長	課長	受付
	印	印	印

（シンプルで見やすい出張申請書の書式です。

　出張申請書とは、会社の業務の一環として出張に行く場合に、訪問先、目的、日程など、出張の概要をまとめて提出するための、社内向けの書類です。

　出張申請書は社内で利用する書類のため、特に決まったフォーマットはありませんが、ひな形をつくって記載項目や形式を統一しておくと、事務処理がスムーズになります。）

よく使う表現

① **サンプル**：見本です。

- サンプルを集めます。
- サンプルを取り寄せます。

② **リスク**：

a. 危険の生じる可能性。

- リスクが高いです。

b. 保険で、損害を受ける可能性。

③ **取引**：【名・サ変自他】

a. 一般には、財またはサービスを対象として商人間、もしくは商人と消費者の間で行われる売買行為をいいます。

（商人同士、また、商人と客の間で生される商業行為。売買の行為。）

- 現金取引
- 株式取引

b. 簿記会計用語としての取引は、通常の取引概念よりもはるかに広範な内容を含み、企業の財産や資本の価値に変動を及ぼす金銭的計算の可能なすべての事実をいいます。

- 政治的取引をします。
- 野党と取引します。

④ **引き継ぐ**：他の者が処理していた作業などを代わりに行うことです。

- 仕事を引き継ぎます。
- 業務を引き継ぎます。

⑤ **〜ため**：

a. 目的や期待の向かうところです。

体言＋の＋ため

- 留学のため、お金を貯めています。

b. 原因・理由、わけ。

体言＋の＋ため

- 雨のため、試合は中止になりました。

⑥ **〜と考えられます**：

「考えられます」は動詞の「考える」に助動詞の「れる」と丁寧語の「ます」を組み合わせた敬語です。つまり、客観的な根拠があったうえで使用することができる言葉になります。

- このままでは、日本の映画産業は落ち込む一方だと考えられます。

豆知識

仕事に対して大切な「三配り」

みなさん、おはようございます。

仕事をするうえで大事なことは何だと思いますか。

仕事を成功させるための知識・情報をもっていることは当然のことです。

でもそれだけではありません。人としての魅力が仕事の成功へと繋がります。

仕事ができる人でも魅力がなければ次につながる仕事ができません。だから仕事をするうえで大事なことは「三配り」がきちんとできる人です。

「三配り」はどういうことでしょうか。

「目配り」・「気配り」・「心配り」のことです。

「目配り」とは周りの状況や状態をみて敏感に察知できる力のことです。

「気配り」とは相手の動作に関心をもち、何を求めているのかがわかるようになる力です。

「心配り」とは相手のためにしてあげられるやさしさをもっていることです。

例えば、同僚に対して手が空いていれば手伝えることはないかと声をかけることや、相手が何も言わなくても資料を作成するときでも見やすく、わかりやすく作るなど相手のことを思い、やさしい心を身につけることです。

今ご紹介した「三配り」を意識して行動することは仕事と人間性を兼ね備える大切なことです。

仕事をスムーズに成功させるために、「三配り」を身につけるといいですよ。

ちなみにこの「三配り」は家庭においても大切なことです。家族に対しても同じ気持ちで行動してください。

第11课
报告书
● 報告書 ●

　　報告書とは、上司や関係者に必要な情報を提供するための文章です。社会人になると、必ず報告書を書かなくてはなりません。報告書には、様々な種類があります。ここでは、報告書の書き方について解説いたします。

書き方のポイント

① 書く項目

報告書を書く時、次の6つの項目を書く必要があります。

a. 日付け：報告書を提出する日。

b. 提出者：報告書の書き手の所属と名前。

c. 提出先：報告書の提出先の名前と役割。

d. 表題：報告書の概要がわかる題名。

e. 本文：まず、本報告書の要旨を書きます。次の段落の真ん中に「記」という文字を書きます（メールなら省略できます）。その後、報告したい内容を項目ごとに詳しく書きます。

f. 補充：もし報告書に注意すべき項目や添付資料があれば書きます。

② 何のための報告かを意識します。

報告書には業務報告書・研修報告書などさまざまな種類があります。報告書の作成者が「何を伝えるための報告書なのか」をはっきりとさせないままでは、報告書の目的が曖昧になり、非常に分かりにくいものになってしまうでしょう。

そのため、報告書作成時には、何のための報告書であるかを意識する必要がある
ということです。

③ 誤字・脱字がないか確認します。

報告書は作成する時、誤字脱字の確認を怠ってしまうことがあるようです。せ
っかく優れた報告書ができても、誤字脱字や間違った日本語表現があるようでは
意味がありません。報告書が完成したら、その文章をしっかり確認して完璧な状
態で提出するようにしてください。

④ 簡潔に分かりやすい文章を書きます。

報告書を読む相手は、報告書の結論を求めています。そのため、可能な限り結
論を先に記載するようにしましょう。結論の後に、結論に至った経緯・理由を
書き残します。また、長文を使うのを避け、箇条書きなどを活用して簡潔かつわ
かりやすい文章を作成するようにしましょう。

写作要点

① 写作条目

写报告书时，以下 6 项是必须写上的：

a. 日期：写明报告书的提交日期。

b. 提出者：写明报告书撰写人所属部门和姓名。

c. 提交对象：写出提交对象的姓名以及职务。

d. 题目：一目了然地概括出报告的主要内容。

e. 本文：首先总结出报告书的主题内容。之后另起一行，在正中间写上"记"
这个汉字（如果是邮件则可以省略），之后详细写出报告的各个项目。

f. 补充：如果有追加注意的事项或是附加资料，需要写在最后。

② 意识到为什么写报告

由于报告包含业务报告、研修报告等很多种类。因此在书写报告需要时刻明确
书写目的、报告种类。如果在书写报告时无法明确书写目的，则会导致报告书晦涩
难懂。因此，需要时刻明确书写报告书的目的。

③ 确认有无错别字、漏字

在撰写报告时，有时会有错字或漏字等现象。如果报告中出现了这些现象，或
者出现了日语表达上的错误的话，就不能称之为一篇完美的报告。因此，在完成一
封商务信函之后，需要认真检查，以确保报告的准确性。

④ 简明扼要的内容

对于报告书的读者而言，报告书的结果是十分重要的。因此，在完成报告书时，需要开门见山，把结论写到报告书的开头部分。完成这部分后，再去介绍得出结论的来龙去脉。并且在撰写过程中尽量避免使用过长的语句，必要时可以分条进行书写，这样就能写出一篇简洁易懂的报告书了。

例文1

令和3年4月28日

担当役員殿

商品開発部　　中村　葵

調査報告書

新たなパソコン作業に関連する文具、グッズを企画・開発するにあたり、グループインタビューによる調査を実施しました。以下にご報告します。

記

1. 調査目的

新たなパソコン作業に関連する文具、グッズを企画・開発するため、パソコンを日常的に利用している会社員が普段、文具、グッズを購入する時重視するポイントを把握します。

2. 調査方法

グループインタビュー調査

3. 調査期間

令和3年4月20日　午後1時—3時

4. 調査場所

本社5階　大会議室

5. 調査対象

パソコンを日常的に利用している会社員　20代4名、30代4名。各年齢層とも男女2名ずつ。

6. 調査のまとめ（省略）

7. 新商品のアイデア（省略）

例文 2

令和 3 年　5 月 25 日

営業部長殿

営業部　李想

出張報告書

出張者：営業部　李想

出張の期間：令和 3 年 5 月 1 日～令和 3 年 5 月 7 日

出張先：東京都

出張の目的：新商品「デジタルカメラ SY-023」の販売促進。

同行者：田中課長

活動内容：

5 月 1 日　10 時 20 分　東京駅着　ホテル宿泊

5 月 1 日　13 時 20 分　花丸会社　新宿支店　訪問

5 月 3 日　9 時 30 分　花丸会社　原宿支店　訪問

5 月 5 日　9 時 30 分　花丸会社　六本木支店　訪問

各店の活動内容は以下の通り。

- 新製品「デジタルカメラ SY-023」の説明。
- 店頭ディスプレイの依頼。
- 販促イベントの提案。

5 月 7 日　16 時 30 分　東京駅発

成果：

　新商品に追加された新機能について説明しました。各店から様々な評価をいただきました。また、新製品を店頭で目立つ場所にディスプレイしてもらう確約を取り付けました。

所感：

　近日中、販促イベントについて、内部の会議を開き、詳細について検討する必要があります。その後、花丸会社の店舗と打ち合わせします。

以上

例文3

令和3年　6月25日

営業部長殿

営業部　李想

営業報告書

　商品「デジタルカメラSY-023」の令和3年4月の発売からの販売状況について、各営業所・販売店からのデータを集計した結果をご報告申し上げます。

記

概況：本商品は画期的な商品であることに加え、大型店での宣伝を強化したことで、目標の売上額に対して、60%増を達成しました。

売上個数：350個（目標500個、達成率70%）

売上額：3,500万円（目標5,000万円、達成率70%）

期間：令和3年4月1日〜6月1日

見通し：各営業所・販売店ともに予約注文が殺到している状況で、競合他社の開発が遅れていることもあり、今後少なくとも5ヶ月間はこの状況が持続、さらには売れ行きが増加の状況が続くと予測します。

備考：お客様からの意見、要望を踏まえ、11月に改良版のリリースを予定しています。

添付書類：各営業所・販売店売上一覧。

よく使う表現

① ご報告申し上げます。

　この文は「報告する」という意味です。「ご報告申し上げます」における「報告」は「告げ知らせること」あるいは「状況や結果について述べること」という意味です。この文はよく職場の上司や取引先への報告や連絡などのビジネスの場合に使われます。友人や目下の人には使いません。「ご＋一段動詞のます形／五段動詞のます形／サ変動詞語幹＋申し上げます」は敬語の使い方です。この文における「申し上げる」は「言う」の謙

譲語です。依頼、伝達、祝い、謝罪を表す場合にこの文が使われ、自分の行為の対象を尊敬し、「○○て差し上げる」という意味です。

② **ディスプレイ**

ディスプレイはコンピューターの出力表示装置という意味以外に、陳列すること、あるいは展示することという意味もあります。特に商品などを効果的に配置することを表す時、この単語を使います。「新製品を店頭で目立つ場所にディスプレイしてもらう」は「新製品を店頭で目立つ場所に展示してもらう」という意味です。

③ **画期的（かっきてき）**

これまでとは時代をくぎるほど目覚ましいさま、また、新しい時代をひらくさまという意味です。本文における「画期的な商品」は「新しい時代をひらく商品」と意味します。

④ **予約注文が殺到しています。**

この文における「予約」は将来のこと（特に、物を買うこと）を前もって約束することです。「注文」は種類・寸法・数量・価格などを示し、その物品の製造や配達・購入などを依頼することです。「殺到」とは多くの人や物が一度に1か所に押し寄せることです。この文は多くの依頼が入ってきたという意味です。

豆知識

「もしもし」は電話応対では NG?

普段電話をする際、「もしもし」と最初に言う人は多いのではないでしょうか。相手の応答が聞こえないときや第一声に「もしもし」から電話を始める方も時々見受けられます。しかし、お客様対応をするコールセンターでは「もしもし」は NG ワードとされてるケースが多いです。

その理由としては「もしもし」とは元々「申し上げる」を短縮した略語になり、ビジネスでは略語を使うことは不向きな言葉であるからです。そのために、ビジネスでは、なるべく「もしもし」を使わないようにし

ましょう。

　それなら、ビジネスシーンでは電話をする際、何を言えばいいですか。実は、ビジネスでは、受話器を取り「はい、〇〇社でございます」と出るのが基本です。また、基本的には呼び出し音が3回鳴るまでに電話に出るようにし、3回以上コールが鳴った場合は「お待たせいたしました、〇〇社でございます」としましょう。

　電話応対はどの職種、職場でもしなければなりません。間違った言葉の使い方一つで会社の信用を失うこともありますし、出来ない営業マンと捉えられることがあります。そのために、電話応対の時、言葉遣いに注意しなければなりません。

第 12 课
通知书

• 通知書 •

通知書は、正確な情報を社員で共有し、仕事をスムーズに進めるためのものです。そのため、通知書を書く時、社交文書のような礼儀的文書とは異なり、通知内容を分かりやすく整理して書き、社員の業務に支障をきたさないように作成してください。

書き方のポイント

①「通知書」は、「いつ」・「だれが」・「だれに対して」発信した文書なのか明確に示す必要があります。特に、社員全員ではなく、社内の特定の部署・担当者に通知する場合には、確実に該当者に通知できるよう工夫しましょう。

会議の通知書を書くなら、会議の目的、時間（何曜日、会議の開始時間と終了時間）、会議の場所を分かりやすく書く必要があります。人事異動の場合は、主に職位の変動、異動の原因、元担当者への感謝、後任者への励ましを書きます。組織が変動する場合は、変動した理由と変動した後の組織図を書いたほうがいいです。

②「通知書」は、通知する事項を簡潔に分かりやすくまとめましょう。特に、日時・場所等の情報は、誤りがあった場合、業務に支障が生じることがありますので、正確に書きましょう。

③「通知書」は、業務予定の調整期間等を考慮し、早めに行うようにしましょう。

写作要点

① 在书写"通知书"的时候，必须明确"时间""通知人"，以及"通知对象"。特别是，如果通知的对象不是公司全体员工，而是只通知公司特定部门的特定人群时，需要保证能够通知到对方。

如果写会议通知，需要写清楚会议的目的、时间（星期几、会议起止时间）、会议的场所。如果是人事变动通知，需要写明职位变动，还可以写上职位变动的原因、对前任负责人的感谢，以及对后任人员的鼓励。如果是组织上有变动，最好写明变动理由以及附加上变动后的组织构成图。

② 在书写"通知书"时，需要简洁地总结概括出来通知的事项。特别是时间、地点等信息，如果有误的话，会阻碍工作的进行，因此需要正确地书写。

③ 书写"通知书"时，需要给员工预留出调整工作的时间，因此，请尽早通知。

例文1

令和3年4月3日

社員各位

総務部長　山田　太郎

令和3年度新入社員歓迎会のお知らせ

今年は20人の新入社員（男性10人、女性10人）が入社します。新入社員の歓迎会を下記のとおりに開催いたしますので、お知らせいたします。ご多忙中とは存じますが、是非ご参加ください。

記

1. 日時

令和3年4月8日

午後7時～午後9時

2. 場所

大阪市太陽町1丁目5番3号

帝王ホテル　月の間

3. 会費

2,000円（当日、受付でお支払いください）

新入社員は無料です。

4. 備考

所属長は 4 月 6 日までに参加者名簿を総務部企画課に提出してください。

以上

例文 2

件名：担当者変更のご連絡

社員各位

総務部の山田太郎です。

この度、年度初めの異動に伴い一部担当者が変更となりますので、お知らせします。

4 月 1 日付で、新たに斉藤加奈子さんが給与担当となります。

斉藤さんは資材部からの異動です。

当面、経理課長の鈴木さんとともに、業務にあたってもらうことになります。

給与担当だった今村たかこさんは、同日付で総務部に異動となります。

また、同日より勤怠管理表も斉藤さんが管理します。勤怠管理・給与等に関するお尋ねは斉藤さん、または課長の鈴木さんにお願いします。

なお、3 月 31 日までは、今村さんが担当ですのでご承知おきください。

その他の変更はありません。ご質問などは、経理部（内線：123）にお問い合わせください。

以上

よろしくご協力お願いいたします。

```
============================
```

総務部　山田　太郎

内線：　234

```
============================
```

例文3

件名：会議開催通知

関係者各位

　　各課の連絡会議を下記の通り開催いたしますので、ご多忙かと存じますが、関係者の各位は全員、出席をお願い申し上げます。

■議題

　　イベントの企画について

■日時

　　6月1日（火）14:00 ～ 16:00

■場所

　　第3会議室　本社5階

■出席者

　　田中部長、村上課長

　　営業部、企画部の担当者

■持参する資料

　　事前に資料を配布致しますので、必ず確認の上、当日お持ちください。

■付記

　　上記の他に検討事項があれば、事前にご連絡お願いします。

　　以上、お手数をおかけしますが、よろしくお願いします。

==============================

令和3年5月26日（水）

総務部　　山田　太郎

==============================

内線：　　234

よく使う表現

① **お知らせいたします。**

　　この文は知らせるという意味で、具体的にいうと、「新しい情報を相手に伝える」という意味です。「お（ご）」は尊敬を表す語です。「いたす」

は「する」の謙譲語になり、ある動作や行為を行うという意味です。「ご＋
一段動詞のます形 / 五段動詞のます形 / サ変動詞語幹＋いたします」は自
分の行為について、その行為が向かう先の人物を立てて述べたり、相手に
敬意を示す謙譲表現です。

　② ご多忙中とは存じますが、是非ご参加ください。

「ご多忙中とは存じますが」は「非常にお忙しい最中だと思いますが」
の意味で、敬語表現です。「多忙中」は「忙しい中、忙しい最中」を意味
します。「存じます」は「思う」の謙譲語の「存じる」のます形です。こ
の文の後には、出席を依頼したり、何かを教えて欲しいと依頼したり、
色々な依頼やお願いをする言葉を続けることができます。ビジネスメール
でもよく使われています。

　③ 異動

異動とは職場での地位、勤務などが変わることです。また、転・退任
などの人事の動きも意味します。

　④ お手数をおかけします。

「手数」は「それを達成するのに必要な労力や動作・作業などの数」ま
たは「他人のためにかける労力や手間」を意味します。「お手数をおかけ
しますが」は「手間をかけてしまいますが」という意味で、相手にお願い
する時、手間をかけて申し訳ない気持ちと協力への感謝の気持ちを伝える
ことができます。

　⑤ ご連絡お願いします。

この文はビジネスの面では相手からの連絡を求めている時、もしくは
自分が相手へ連絡事項がある事を知らせる際に使用します。「お願いし
ます」は相手に対して何かを頼んだり、望んだり、祈ったりする際に使
う表現です。

豆知識

気になる敬語「させていただく」について

上司などの目上の方には「〜させていただきます」という言葉をよく

使います。この言葉は「〜をさせてもらう」という謙譲語で間違っているわけではありません。

　しかしながら、何となく気になる方も多いのではないでしょうか。

　その原因は、使い方によっては不自然になるからです。つまり、何にでも使えるというわけではない言葉なのです。

　たとえば、同窓会の招待の返事をする場面で「参加させていただきます」のように相手に許可や承諾を得るときは正しい使い方です。一方、「プログラムを変更させていただきました」は不適当です。これは、相手に関係ないことだからです。本来は「プログラムを変更いたしました」となります。ちょっとした違いですが、上手に使い分けましょう。

社外篇
社外編

　　经过一段时间工作经验的积累，李想终于不是职场"菜鸟"了，公司决定让他负责社外业务。在社外业务往来中，最重要的交流手段就是收发邮件。和社内文书相比，邮件等社外文书要求更严谨认真，在敬语的使用上也更加严格，用词不当或敬语使用错误都会导致误会的发生。所以，让我们跟随李想一起学习社外文书的书写方法吧！

第13课
寒暄邮件

● 挨拶メール ●

職場では、ほかの会社の知り合い、業務パートナーにあいさつメールを送ることがよく見られます。それは、良い関係を維持するための重要な手段です。

あいさつメールといえば、多くの種類があります。ここでは、代表的なお祝いメールを挙げます。

書き方のポイント

① ほかの会社へのあいさつメールですから、丁寧に基本書式に従って書かなければなりません。基本書式は前文、本文、末文です。

② 礼儀を重んじるだけでなく、真心も持っていなければなりません。

③ お祝いの手紙には、一般的には他の話題には触れません。他の件が含まれている場合は、受信者への失礼と見なされます。

写作要点

① 因为是写给其他公司的寒暄邮件，格式要工整，遵循序文、正文、结尾的正规格式。

② 既要讲求礼节，又要有真情实意。

③ 祝贺函中一般不涉及其他话题。如果在信函中涉及其他事件，则会被视为对收信人的不尊重。

例文1　ご就任のお祝い

> 株式会社○○
> 代表取締役社長　○○○○　様
>
> 厳寒の候、益々ご清栄のこととお慶び申し上げます。
> 　平素は、格別のお引き立てを賜り厚くお礼申し上げます。
> 　承りますれば、この度、代表取締役社長へのご就任、心よりお祝い申し上げます。貴重なご経験とご実績をお持ちの貴殿のご就任により、貴社はますます発展をなされることと確信し、ご期待申し上げております。
> 　今後は、□□社長と直接お話しする機会が増えることと存じますので、楽しみにいたしております。
> 　これまで以上に、お互いの会社に有益なお付き合いができますと幸甚でございます。
> 　よろしくお願いいたします。
>
> 　更なる重責が待ち受けているかと存じますので、お身体を大切にされ、より一層のご活躍をお祈り申し上げます。
> 　メールにて恐縮ではございますが、取り急ぎご祝詞申し上げます。
>
> 令和◇年◇月◇日
> 日本四方株式会社
> 李　想

よく使う表現

承りますれば

　「承る」は「敬悉，听说」という意味です。この動詞は「聞く」の謙譲語で、謙遜を表すことができます。ここでは、相手は社長ですから、仮定

形の「承りますれば」を使い、相手の就任のことをどこかから知らされた
ことを丁寧に示します。

例文2　ご昇進のお祝い

桜花爛漫のみぎり、ますますご活躍の由、お喜び申し上げます。平素は
格別のご厚誼にあずかり、深く御礼申し上げます。

　このたびの営業本部長へのご昇進、誠におめでとうございます。これ
までのご実績が正当に評価されてのことと、ご同慶の至りに存じます。
今後は部署を統括されるお立場として一段とお忙しい毎日になるかと存
じます。お身体を大切にされ、ますますご活躍されることをお祈りいた
します。

　なお、ささやかながらお祝いの品を別便にてお送りいたしました。ご
笑納いただければ幸いです。

　まずは略儀ながら、書中にて心よりお祝い申し上げます。

今和◇年◇月◇日
日本四方株式会社
李想

よく使う表現

みぎり

　この言葉は「时候、……之际」の意味です。「時節」「おり」「ころ」と
同じ意味です。手紙やメールの冒頭によく使われます。たとえば、「厳寒
のみぎり」です。

豆知識

社長就任祝いのメールを送るタイミング

　社長就任祝いのメールを送るタイミングについてです。

　就任祝いのメールについては、正式な辞令の発令後にしましょう。

　辞令の発令前、相手から直接伝えられるかどうかにかかわらず、フライングでお祝いメールを送ることは絶対にやめましょう。

　また、発令後、メールを送るのを忘れていた場合でも慌てないことが重要です。

　そのような場合は、お日柄の良い「大安」や「友引」などを選び、胡蝶蘭などのお花の着日と同日にメールを送りましょう。あえてこの日を選んだ感を出すのが重要です。

第 14 课
贺年卡

• 年賀状 •

　　年賀状（ねんがじょう）とは、新年を祝う挨拶状のことで、一般的には郵便葉書やカードが用いられます。新年を祝う言葉をもって挨拶し、旧年中の厚誼の感謝と新しい年に変わらぬ厚情を依願する気持ちを、親しい相手へ伝える手段です。一年に一度の年賀状だからこそ、普段より改まった表現を心がけ、礼儀正しく書き添えることが大切です。特に、目上の人に対しては、丁寧に書くことが不可欠です。

　　ここでは年賀状の基本的な書き方やマナーを紹介します。

　　まずは、賀詞についてです。賀詞とは、祝う気持ちを表す言葉のことです。年賀状では、新年を祝う言葉である「謹賀新年」「明けましておめでとうございます」などの賀詞を使用します。ここで重要となるのが、送る相手に適した賀詞を選ぶということです。

　　「寿」「賀正」「迎春」「頌春」などのような一文字または二文字の賀詞は丁寧さに欠けるため、目下の人向けとされています。目上の人には、「謹賀新年」「恭賀新年」「謹んで初春のお慶びを申し上げます」などのように敬意を表す言葉（謹んで、恭しく、など）が入った四文字以上の賀詞を使いましょう。ちなみに、「明けましておめでとうございます」は、誰にでも使うことのできる賀詞です。

　　そして、避けてほしい表現もあります。年賀状は、新年を祝うものであるため、縁起が良くないとされる忌み言葉や暗い表現は避けるようにしましょう。「去る」「離れる」「別れる」「絶える」「失う」「病む」などがそれにあたります。前年の厚誼

に対する感謝を述べる際にも、「去」の入っている「去年」という言葉は使わず、「昨年」や「旧年」と書きます。ほかにも、相手の状況を考慮し、気分を害するような言葉や表現は避けるよう心がけましょう。

　最後に、年賀状を送る時期についてです。一般的には、12月15日から25日ぐらいまでに投函すれば元日に届けられるとされていますが、特に遠方へ出す場合には早めに済ませておいた方が無難です。松の内（1月7日）までに届けば失礼にはあたりませんが、なるべく1月3日までには届けたいものです。

　近年、ソフトウェアの進化やデータ送信量の増加により、伝統的な年賀状にとどまらず年賀メールを送る企業も増えています。年賀状よりもっと便利で、配信日時の予約もできます。

　だから、本節では、年賀状と年賀メールの例を一つずつ挙げます。一緒に勉強しましょう。

書き方のポイント

① 年賀状を書く場合は、文頭に「謹賀新年」などの賀詞を大きめに書きます。
② きちんと都道府県から住所を書くのがマナーです。
③ 日付は年号から書きます。西暦でもかまいません。
④ 一言の添え書きは、小さめの字で短くまとめましょう。

写作要点

①书写贺年卡时，开头的"谨贺新年"等贺词要用较大文字书写。
②要认真规范地从"都道府县"开始书写对方的住址。
③落款日期要从年号开始书写。也可以使用西历。
④追加的留言部分要用较小字体简洁书写。

例文1 年賀状

年賀状の裏面:

① **賀詞**

賀詞とは、年賀状の冒頭に書く、新年を祝う言葉です。大きめの文字で書きます。一般的に「謹賀新年」「恭賀新年」「迎春」「賀正」「謹んで初春のお慶びを申し上げます」「明けましておめでとうございます」などを使います。

② **本文**

本文では、ふつう「謝辞」「祈り」「お願い」という三つのことを書きます。

「謝辞」でよく使う表現:
- 昨年中は大変お世話になりました
- 昨年は何かとお世話になりましてありがとうございました

「祈り」でよく使う表現:
- 皆様のご健康とご多幸をお祈り申し上げます
- 皆様のご健闘をお祈り申し上げます

「お願い」でよく使う表現:
- 本年もどうぞよろしくお願い申し上げます
- 本年もご指導・ご鞭撻のほど宜しくお願い申し上げます

③ **日付**

新年の年号と日付を書きます。西暦でもかまいませんが、よく見られません。例えば、「令和5年　元旦」です。時々「元朝」「一月一日」とも書きます。

④ **ひと言添え書き**

送り先にあわせて心のこもった一言を添えると、印象が良くなります。具体的な用件などは書かず、短くまとめます。

年賀状の宛名面：

① 宛先住所

きちんと都道府県から住所を書くのがマナーです。

② 数字

縦書きなら漢数字（一、二、三）、横書きならアラビア数字（1．2．3）を使いましょう。

③ 敬称

個人名の場合は「〜様」、会社や部署宛の場合は「〜御中」、恩師、医師の場合は「先生」（個人的なつきあいなら「様」でも良い）を使います。また、連名であれば、それぞれの名前に「様」を添えるのがマナーです。

④ 朱書き

年賀状に年賀ハガキ以外のハガキを使うときは、一般郵便と区別するために切手の下に「年賀」と朱書きします。「年賀」がないと普通郵便だと思われてしまい、年内に配達されてしまうことがあるので注意しましょう。

例文2　年賀メール

A 株式会社

営業部　部長

森　様

謹賀新年

　　四方株式会社の李です。旧年中は格別のお引き立てにあずかり、厚く御礼申し上げます。

　　本年も四方社員一同、森様にご満足頂けるサービスを心がける所存でございますので、何とぞ昨年同様のご愛顧を賜わりますよう、お願い申し上げます。

　　メールにて恐縮ですが、貴社益々のご発展をお祈り申し上げ、新年のご挨拶とさせていただきます。

何卒本年も倍旧のご愛顧のほど懇願いたします。

令和〇年　元旦

＊＊＊＊＊＊＊＊＊＊＊＊
四方株式会社
李　　想
＊＊＊＊＊＊＊＊＊＊＊＊

よく使う表現

　① 謹賀新年

「謹賀新年」の意味です。同じような新年祝いの用語には「恭賀新年」「謹んで新年のお祝いを申し上げます」などがあります。

　② 何卒本年も倍旧のご愛顧のほど懇願いたします。

「今年也恳请务必倍加眷顾」という意味です。「何卒」は副詞で、「衷心希望、务必请（您）」の意を表します。同じような表現は、「本年もよろしくご指導賜りますよう心からお願い申し上げます」などがあります。

豆知識

忌み言葉と重複表現を避けよう

　　年賀状は、いつもお世話になっている職場の関係者や恩師、親戚や友人、ご無沙汰している方にも送ることができる、大切な新年の挨拶状です。心を込めて書いた「年賀状」でも、マナー違反の「年賀状」を送ってしまうと相手に不快な思いをさせてしまうかもしれません。だから、

ここでありがちなミスを紹介します。

　まずは「忌み言葉」です。「忌み言葉」とは縁起が悪いとされる表現のことです。「去る」「失う」「衰える」「枯れる」「倒れる」といった語があります。前年を表すときに忌み言葉である「去年」を使うことができませんので、「昨年」や「旧年」と記載します。

　そして、「重複表現」です。「重複表現」とは意味が同じ言葉を重ねて使うことです。いくつか例をご紹介します。

• 「新年あけましておめでとうございます」は「新年」に「年が明ける」という意味があるので間違った使い方です。「あけましておめでとうございます」や「新年おめでとうございます」にしましょう。

• 「謹賀新年」と「謹んでお祝い申し上げます」は同じ意味の言葉なので、一緒に使うとマナー違反になります。

• 「一月一日　元旦」は「元旦」に「一月一日の朝」という意味がありますので、こちらも一緒に使うとマナー違反になります。

第15课
询 问
・質問・問い合わせ・

質問・問い合わせメールを送るにあたり、まずは質問と問い合わせとの違いを理解しておきましょう。質問は、わからないことや知りたいことについて相手に説明を求めることで、問い合わせは不明点などを確認することです。例えば、「上司に業務内容について質問する」「外注先に質問を送る」「取引先に在庫の問い合わせをする」といった違いがあります。

質問・問い合わせで重要なのは、質問の意図が伝わり、何に対しての回答を求めているのかが分かること、そして返信をもらうことです。返信をもらうためには、失礼にならない聞き方や締めくくり、回答したくなるような文章にする工夫が必要です。重要な質問の場合には、質問の意図が正確に伝わっているか、認識の違いなどがでていないかを確認するため、メールと併せて口頭や電話でもフォローするようにしましょう。

書き方のポイント

① 質問状を書く目的は、相手に返事をもらうことですから、言葉遣いは特に丁寧にしなければなりません。質問状は口頭で尋ねる時と違い、場合によっては固くて冷たい感じになってしまいます。したがって、詰問状にして相手の誤解を招かないように、使用する表現に気をつけましょう。

② 同時に複数の質問が必要な場合は、混同しないように箇条書きに注意してください。

③　締め切り日までに返事してほしいときは、必ず丁寧に締め切りの期限を書いて、またその理由をちゃんと伝えなければなりません。よく使う表現は：

　〇月〇日（〇）までにご回答いただけますと幸いです。

　〇月〇日（〇）までにご返信いただけないでしょうか。

写作要点

　①　撰写询问函的目的，是希望得到对方的答复，因此措辞一定要郑重。询问函与口头询问不同，一不留神就会给人强硬、冷漠的感觉。所以要注意用词，不要写成诘问函，造成对方的误解。

　②　当同时有多个事项需要问询时，要注意分条列点，避免混淆。

　③　当希望对方在某个截止日期前回答自己时，一定要写清期限并告知原因。常用句式有：

　〇月〇日（〇）までにご回答いただけますと幸いです。

　〇月〇日（〇）までにご返信いただけないでしょうか。

例文1　貴社製品〇〇販売価格のご確認

A株式会社
営業部
小林　様

　初めてご連絡いたします。
　四方株式会社営業部の李想と申します。
　貴社ホームページにて〇〇を拝見し、カタログもダウンロードさせていただきました。
　現在、弊社内にて次期取り扱い商品として検討しております。

　つきましては、〇〇の価格についてご回答いただけませんでしょうか。
　社内会議の都合上、お手数ではございますが、3月5日（火）までにご返信いただけますと幸いです。

　　勝手なお願いではございますが、ご対応の程よろしくお願い申し上げます。

四方株式会社　営業部
李　想

よく使う表現

にて

　「にて」は助詞「で」の書き言葉で、正式な文章によく使われて、話し言葉ではあまり使われないです。ビジネス文書の場合、一般的に多く使われていて、比較的丁寧です。

例文2　貴社製品〇〇に関するご照会

Ａ株式会社
営業部
小林　様

　いつもお世話になっております。
　四方株式会社営業部の李想です。

　現在弊社では貴社の新製品〇〇の導入を検討しております。
　つきましては、下記の内容について確認したいと存じます。

1. …
2. …

　以上となります。お忙しいところお手数ですが、ご回答のほどよろし

くお願いいたします。

四方株式会社　営業部
李　想

よく使う表現

つきまして

この言葉は「因此、所以」の意味です。「ですから」「それゆえに」と同じ意味です。やや丁寧な書き言葉ですから、正式なビジネス文書とメールによく見られます。

例文3　支店設立計画に関するお問い合わせ

盛夏の候、ますますご健勝にてご活躍のことと存じ上げます。

ところで先達てからの河北省の支店設立計画の件、その後どのようになっているでしょうか。当方といたしましても、今回の販売提携に関する共同事業は誠に歓迎すべきこととして考えております。

その後、支店設立予定地の立地、客層等について詳細に調査しました結果、将来性の非常に高い地域と判断し、ぜひとも具体的に話を進めたいと所存でおります。

そのためには、早急に直接お会いして話し合いをしたほうが、円滑に計画が進むと思います。話し合いの日程と場所はお任せいたしますので、お知らせください。

ご多用中のところ恐縮ですが、ご返事お待ちしております。

四方株式会社　営業部
李　想

よく使う表現

ご多用中のところ恐縮ですが、ご返事お待ちしております。

　この文は質問状の末尾に使われることが多いです。類似の表現として、「早急にご回答くださいませ。」「お手数とは存じ上げますが、失礼を顧みずご連絡申し上げました。」などがあります。

豆知識

内容が一目でわかる「件名」をつける

　メールを送る際には、メールを受け取った人が一目で内容がわかるように具体的かつ簡潔な件名をつけることが大切です。たんに「問い合わせ」や「日程について」など中途半端な情報だとメールを開封してもらえないこともあります。

　＜件名の例＞
　○○に関するお問い合わせ
　○○についてのご質問
　○○に関するご照会
　○○の日程について確認のお願い
　○○について質問がございます

　初めての相手へのメールの場合は、件名に自分の会社名や名前を入れて安心感を与えるようにします。

　＜件名の例＞
　御社製品○○に関するお問い合わせ（○○株式会社営業部　鈴木一郎）

第16课
邀　请
• 案内状・招待状 •

　案内状・招待状とは、催事の情報を相手に申し伝えるための書状です。

　特徴といえば、案内状・招待状は情報が正確にかつ簡潔に述べ、出席を強制するような文面にならないよう、相手が無理なく安心して参加の有無を決定することができるよう配慮することが大切です。

書き方のポイント

①　ビジネス関連の招待状は、礼儀の挨拶を最小限にすることに重点を置く必要があります。

②　招待状には、イベントの目的、日時、場所などを明記し、料金が発生する場合は、必ずその旨を記載します。また、会場への行き方、駐車場の有無、近隣の駐車場への案内、周辺の地図なども記載するとよいです。

③　返信を求める場合は、開催日の2週間前までに、遠方の場合は1ヶ月前までに招待状を送付する必要があります。返信を求めない場合でも、少なくとも行事の1週間から10日前には相手に届くようにすることが大切です。相手が準備に間に合うように、余裕を持って送るのがマナーです。

写作要点

①有关商务的邀请函注重把礼节性的问候降到最低。

② 邀请函应说明活动的目的、日期、时间和地点等信息，如果有需要收费的情况，则一定要在邀请函中进行说明。此外，邀请函内容最好包括如何到达会场的相关（交通）信息，以及是否有停车场、附近停车场的方位，或附上该地区的地图。

③ 如果要求回复，邀请函应至少在活动日期前两周发出，如果邀请函是寄到较远的地址，则至少需要在一个月前发出。即使不要求回信，也要在活动前至少一周至十天将信送达收信人。提前发信是符合礼仪的做法，这样收信人才可以及时准备。

例文1 新製品発表会開催の案内状・招待状

謹啓
　時下、いよいよご清栄のことと、お喜び申し上げます。
　平素は、格別のご交誼を賜り、厚く御礼申し上げます。
　さて、かねてより弊社にて研究開発を進めてまいりました新商品○○○○を、来る○月○日より販売いたす運びとなりました。新商品○○○○は、最新技術を採用したばかりではなく、現行製品以上に性能が充実し、環境にやさしいコンセプトの貫かれた製品でございます。
　つきましては、一般発表に先立ちまして、皆様方よりご批評・ご批判を頂きたく、下記の要領で発表会を開催したいと存じます。
　諸事ご多用のことと存じますが、何卒ご来臨を賜りますようご案内申し上げます。

敬具

記

日時　　令和○○年○月○日（○曜日）
　　　　午前○時○分〜午後○時○分
場所　　○○○○ホテル○階○○の間
　　　　（JR ○○線○○駅下車徒歩○分）
電話番号　○○○-○○○-○○○○

以上

四方株式会社　営業部

李　想（リ　ソウ）

〒 545-1234

大阪府○○市△△町 11-9　2F

TEL：066-3333-3333（直通）　066-9999-9999（代表）

FAX：066-6666-6666

よく使う表現

① かねてより

「从很早之前开始」の意味です。「かねて」と「より」二部分からなっています。「かねて」（予て）は「以前、先前、老早」の意味です。

② ばかりではなく

中国語の「不仅」の意味です。日常生活に「ばかりでなく」の表現をよく使っている。「だけでなく」と同じ意味です。

例文2　事業説明会の案内状・招待状

謹啓

　初夏の候、ますますご健勝のことと、お喜び申し上げます。

　さて、当社ではかねてより、規模を拡充すべく、準備を進めてまいりましたが、この度、○○地方に適地が見つかり、さっそく新店舗の建設に取りかかる運びとなりました。

　つきましては、今回の計画の経緯、および今後の展望につきまして、株主の皆様にご説明申し上げるとともに、ご意見を伺う機会を設けたく、下記の通り説明会を実施いたします。

　　皆様にはご多忙中恐れ入りますが、何卒ご臨席賜りますようお願い申し上げます。

敬具

記

日時　　令和〇〇年〇月〇日（〇曜日）
　　　　午前〇時〇分～午後〇時〇分
場所　　当社〇階〇会議室

以上

四方株式会社　営業部
李　想（リ　ソウ）
〒 545-1234
大阪府〇〇市△△町 11-9　2F
TEL：066-3333-3333（直通）　066-9999-9999（代表）
FAX：066-6666-6666

よく使う表現

① さっそく新店舗の建設に取りかかる運びとなりました

「即将着手建设新店面」の意味です。「取りかかる」は自動詞で、前に名詞をつけて「开始 / 着手某事」の意味をあらわします。

② 何卒ご臨席賜りますようお願い申し上げます

「敬请莅临」の意味です。日本語の中で同じ意味をあらわす表現は「どうかご出席くださいますようお願い申し上げます」などもあります。

例文3　送別会の案内状・招待状

謹啓

　すでにお聞き及びとは存じますが、〇〇課〇〇〇〇課長がめでたく定年を迎えられ、来る〇月〇日をもちまして退職されることになりました。

　つきましては、長年にわたり当社発展に御尽力を頂きました〇〇〇〇課長のご精励とご功績に深謝申し上げますとともに、今後の更なるご健勝とご発展を祈念し、下記の通り送別会を開催したく存じます。

　公私ご多忙中のこととは存じますが、可能な限りご参加くださいますよう、何卒お願い申し上げます。

　なお、出欠につきましては、別途用紙に所属部署とお名前をご記入の上、〇月〇日までに総務課〇〇〇〇〇までご提出くださいますようご協力をお願いいたします。

記

日時　　令和〇〇年〇月〇日（〇曜日）
　　　　午前〇時〇分～午後〇時〇分
場所　　〇〇〇〇ホテル〇階〇〇の間
　　　　（JR 〇〇線〇〇駅下車徒歩〇分）
電話番号　〇〇〇 - 〇〇〇 - 〇〇〇〇
会費　　〇，〇〇〇　円（会費は後日徴収します）

以上

四方株式会社　営業部
李　想（リ　ソウ）
〒 545-1234
大阪府〇〇市△△町 11-9　2F
TEL: 066-3333-3333（直通）　066-9999-9999（代表）
FAX: 066-6666-6666

よく使う表現

① めでたく定年を迎えられ…

「順利迎来退休」の意味です。「めでたい」は「出色/順利地」の意味ですが、「めでたくなる」は「死」のタブー言葉であり、使用には注意が必要です。日本語の「定年」は「退休」の意味です。動詞の「迎える」が受身形になっているのは、受身形は他人の行為に尊敬を示す敬語としても使われるからです。

② 長年にわたり…

「経過長時間的……」の意味です。「にわたる」は、範囲（時間、場所）の名詞の後で、広い範囲や時間的な広がり、その範囲内の状態が一般的に連続していることを強調するものです。

例文4 新会社設立披露宴の案内状・招待状

拝啓

　早春の候、ますますご隆昌の段、お慶び申し上げます。

　平素は格別のご愛顧を賜り厚く御礼申し上げます。

　さて、私どもでは、かねてより皆様のご援助のもとに、新会社の設立準備を進めてまいりましたが、おかげさまでこのたび無事発足の運びとなりました。

　今後は、皆様のご支援に応えるべく、懸命の努力をいたす所存でございます。

　つきましては、以下のとおり記念祝賀会を催したく存じますので、ご多忙中、まことに恐縮でございますが、何卒ご来臨賜りますようお願い申し上げます。

　まずは、略儀ながら書中にてご案内申し上げます。

敬具

記

日時　　令和〇〇年〇月〇日（〇曜日）

　　　　　　　午前○時○分〜午後○時○分

　場所　　○○会館

　なお、恐縮ではございますが、同封のはがきにて、○月○日までに出欠のご都合をお知らせくださいますようお願い申し上げます。

　地図を貼付

　　　　　　　　　　　　　　　　　　　　　　　　　　　　　　以上

四方株式会社　営業部

李　想（リ　ソウ）

〒 545-1234

大阪府○○市△△町 11-9　2F

TEL: 066-3333-3333（直通）　066-9999-9999（代表）

FAX: 066-6666-6666

よく使う表現

　平素は格別のご愛顧を賜り厚く御礼申し上げます

　「平日承蒙照顾」の意味です。これは、日常生活で使われる「お世話になります」という表現に似ています。ビジネスレターは、「平素は格別のお引き立てをいただき、厚く御礼申し上げます」などの同様の表現が使われます。

例文5　懇親会の案内状・招待

拝啓

　清秋の候、皆様におかれましては、健やかにお過ごしのことと存じます。しばらくご連絡を差し上げることができず大変失礼いたしました。

　はじめに、○○社長から皆様へのご挨拶をお伝えいたします。平素は

本会社へのご厚情とご協力を賜り、厚くお礼申し上げます。

　さて、このたび、会員相互の更なる交流・親睦を深め、本会社の持続的発展を図ることを目的とした「オンライン懇親会」を開催する運びとなりました。本懇親会では、お客様の交流や意見交換等を通して様々な情報を会員間で共有させていただくことができれば大変嬉しく存じます。

　今回の懇親会は〇〇APPにて開催いたします。会議IDとパスコードは下記の通りです。

　最後に、皆様のご健勝と更なるご活躍をお祈り申し上げますとともに、皆様とオンライン懇親会にてお会いできることを楽しみにしております。

敬具

記

日時　　　令和〇〇年〇月〇日（〇曜日）
　　　　　午前〇時〇分～午後〇時〇分
会議ID　〇〇〇〇〇〇〇〇
パスコード　〇〇〇〇

以上

四方株式会社　営業部
李　想（リ　ソウ）
〒545-1234
大阪府〇〇市△△町11-9　2F
TEL：066-3333-3333（直通）　066-9999-9999（代表）
FAX：066-6666-6666

よく使う表現

① しばらくご連絡を差し上げることができず大変失礼いたしました
「久疏問候，実属抱歉」の意味です。
② お客様の交流や意見交換等を通して様々な情報を会員間で共有させ

ていただくことができれば…

　「如果通过客户之间的交流和沟通能够让会员之间共享各种信息的话（就再好不过了）」の意味です。「させていただく」という表現は「自分の行為に対して許可を得た」と「恩をうけた」という気持ちを両方に使われます。

豆知識

「ご苦労様」と「お疲れ様」の使い方

　「ご苦労様」と「お疲れ様」は同じ意味のように感じる方も多いと思いますが、実は大きく異なる言葉です。

　ビジネスマナーにおいて「ご苦労様」は、目上の人や上司が部下をねぎらう言葉となります。反対に「お疲れ様」は上下関係問わず使える言葉です。部下が上司に対しても、上司が部下に対しても、同僚同士でも使える言葉ですので、「お疲れ様です」を使うようにしましょう。

　しかし、相手が社外の人や取引先の人であった場合、「お疲れ様です」と使っていいのか迷う場面もあります。そういった時は「お疲れ様」にとらわれず、別の言い方をしましょう。例えば「本日はお忙しいところありがとうございました。」「引き続き、ご指導お願い致します。」といった相手に感謝を表す言葉に置き換えるとよいでしょう。

第17课
请求类邮件

● 依頼メール ●

　依頼メールは、相手に頼みごとを了解してもらい、仕事をスムーズに進めるためのものです。依頼の内容や希望をできるだけ具体的に示し、お願いする相手への気遣いを忘れずに丁寧な対応を心がけましょう。

書き方のポイント

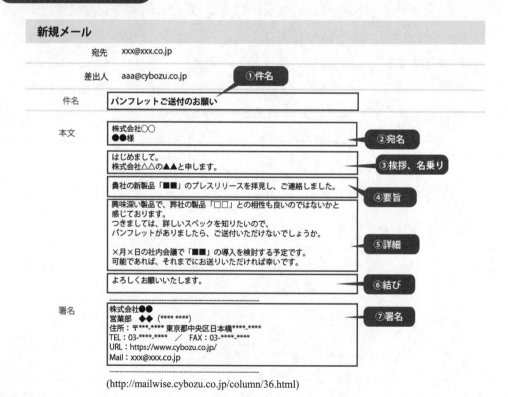

新規メール

宛先	xxx@xxx.co.jp
差出人	aaa@cybozu.co.jp
件名	パンフレットご送付のお願い

本文

株式会社○○
●●様 — ②宛名

はじめまして。
株式会社△△の▲▲と申します。 — ③挨拶、名乗り

貴社の新製品「■■」のプレスリリースを拝見し、ご連絡しました。 — ④要旨

興味深い製品で、弊社の製品「□□」との相性も良いのではないかと感じております。
つきましては、詳しいスペックを知りたいので、
パンフレットがありましたら、ご送付いただけないでしょうか。

×月×日の社内会議で「■■」の導入を検討する予定です。
可能であれば、それまでにお送りいただければ幸いです。 — ⑤詳細

よろしくお願いいたします。 — ⑥結び

署名

株式会社●●
営業部　◆◆ (**** ****)
住所：〒***-**** 東京都中央区日本橋****-****
TEL：03-****-****　／　FAX：03-****-****
URL：https://www.cybozu.co.jp/
Mail：xxx@xxx.co.jp — ⑦署名

①件名

(http://mailwise.cybozu.co.jp/column/36.html)

依頼メールは基本的な書き方があります。

ポイントは、「件名」「宛名」「挨拶・名乗り」「要旨」「詳細」「結び」「署名」の 7 つです。依頼メールの場合、何の依頼なのかは「要旨」の部分に、依頼した理由や回答期限は「詳細」に書き示します。

実際の文面を見ながらポイントを確認しましょう。

写作要点

在书写请求类邮件时，一般都有较为固定的文章结构。

主要由"邮件标题""收件人""问候・自报姓名""要旨""详细内容""结语""落款"这 7 部分构成。在请求类邮件中，要在"要旨"部分写明自己的请求是什么，在"详细内容"部分写明请求的理由及回信期限等内容。

接下来我们通过一些例文，一起来确认一下请求类邮件的写作方式吧！

例文1　カタログ送付の依頼

件名：カタログご送付のお願い

三上株式会社　宣伝部
伊藤　拓真様

はじめまして。
四方株式会社、営業部の李想と申します。
カタログを送付していただきたく、ご連絡させていただきました。

私どもは、大阪を中心に業務展開しております工業株式会社です。
さて、オリジナル性の高い貴社の製品は、かねてから弊社でも大変話題になっており、社内会議で取り扱い商品に加えたいという意見が多数出ております。
つきましては、さらに詳しい品揃えを確認したいと存じますの

で、カタログと価格表のご送付をしていただいてはよろしいでしょうか。

　2週間後9月19日（月曜日）に企画会議がありますので、それに間に合うようにお送りいただけると幸いです。

　お忙しい中、お手数をおかけいたしますが、なにとぞよろしくお願い申し上げます。

四方株式会社　営業部

李　想（リ　ソウ）

〒 545-1234

大阪府〇〇市△△町 11-9　2F

TEL：066-3333-3333（直通）　066-9999-9999（代表）

FAX：066-6666-6666

よく使う表現

～していただいてもよろしいでしょうか

　「能请您为我……可以吗？」という意味を表します。「てください」には依頼の意味のほか、命令の意味もあるから、敬語がよく使われる社外メールの場合、「てください」の使用はできるだけ避けたほうがいいです。

　実は、メールで他社に相談したり、協力を求めたりする時には、「～していただいてもよろしいでしょうか」のような依頼表現以外、他にもさまざまな表現がよく用いられます。例えば、「～していただければ幸いです」「～していただければ幸いでございます」などがあります。このように仮定の意味が含まれる言い方のほうが、誠意をよりよく表すことができます。

① いただく系

～していただけませんか	・ 提出期限を 12 月 31 日に調整していただけませんか。
～していただけないでしょうか	・ ぜひこの機会に弊社のイベントに参加していただけないでしょうか。
～していただけますでしょうか	・ 日時が決定次第連絡していただけますでしょうか。
～していただくことは可能でしょうか	・ 打ち合わせの日取りを変更していただくことは可能でしょうか。
～していただければ幸いです（でございます）	・ 添付資料をご参考にしていただければ幸いです。
～していただきたく存じます	・ 何かあった場合はこちらに連絡していただきたく存じます。
～していただきますようお願い申し上げます	・ 連絡していただきますようお願い申し上げます。

② お願い系

また、「敬語名詞（のほど）＋お願い」の文型もよく使われます。例えば、

～お願いできませんか	・ 今回の発表用資料をお送りいたします。ご指摘のほど、お願いできませんか。
～お願いできますでしょうか	・ ご返信のほど、お願いできますでしょうか。
～お願いできませんでしょうか	・ 本日資料を送付いたしましたので、届きましたら内容のご確認のほど、お願いできませんでしょうか。

③ クッション言葉

　相手は目上の人、あるいはあまり親しくない人なら、お願いをする前に前置きをしておいたほうがいいと思います。それにより、相手に、丁寧でやわらかな印象を持ってもらうことができます。

恐れ入りますが	• 恐れ入りますが、15時までに折り返しお電話をいただけませんか。
恐縮ですが（ではございますが）	• 大変恐縮ではございますが、今月までにご返答をいただけませんか。
ご多忙のところ申し訳ございませんが	• ご多忙のところ申し訳ございませんが、今月までにご返答をいただけませんか。
勝手なお願いではございますが	• 勝手なお願いではございますが、今月までにご返答をいただけませんか。
お手数ですが／お手数をおかけしますが（いたしますが）	• お手数をおかけいたしますが、サンプルの作成をお願いできませんか。
ご面倒かとは思いますが	• ご面倒かとは思いますが、出席人数をご確認の上、ご連絡いただけないでしょうか。
差し支えなければ／可能であれば／よろしければ	• 差し支えなければ、ご欠席の理由をお教えいただけませんか。
申し上げにくいことですが	• 申し上げにくいことですが、担当スタッフの人員削減をご検討いただけませんか。

例文2 カタログからの注文

> 件名：「OA機器用スプリング」注文のお願い
>
> 三上商事株式会社　販売部
> 鈴木　俊介様
>
> 　平素はひとかたならぬお引き立てを賜り、厚く御礼申し上げます。四方株式会社、営業部の李想です。
>
> 　さて、先日は早々にカタログをご送付いただきまして、ありがとうご

ざいました。

　つきましては、下記のとおり注文いたしますので、ご手配のほどよろしくお願い申し上げます。

****

- 品名：OA 機器用スプリング（カタログ No.6245-743）
- 数量：2,000 本
- 単価：350 円
- 納期：12 月 10 日
- 納入場所：当社
- 支払方法：翌月 13 日に貴社口座へ銀行振り込み

****

なお、ぶしつけな申し出で大変恐縮ではございますが、注文品は輸出販売用ですので、納期どおりお送りいただきますようお願いいたします。

　万一、納期が間に合わない場合は、事前にご連絡くださいますようお願いいたします。

四方株式会社　営業部

李　想（リ　ソウ）

〒 545-1234

大阪府〇〇市△△町 11-9　2F

TEL：066-3333-3333（直通）　066-9999-9999（代表）

FAX：066-6666-6666

注意事项

① 件名

　依頼メールの件名は、簡潔に書く必要があります。例えば、「〇〇のお願い」「〇〇のご確認」「〇〇のご相談」などのように書きます。

　普通、電子メールのアプリケーションでは、メールの本文だけでなく、宛名や署名、件名なども表示されますので、失礼のないように、宛名の後

に「〜様」のような敬称をつけるとよいでしょう。

　メールの主題も同様で、「出欠の確認」より「ご出席のお願い」のほうが、相手へ敬意がよく表れます。このような細かいところまで拘る人は少ないですが、相手が礼儀正しい人であれば、いい印象を与えることができます。

　また、すぐ返事を受けとらなければならないメールなら、件名の前後に「至急」「大至急」と書いたほうがいいです。あるいは、字の色を変えたり、字を大きく書いたりして、相手に注意させることもあります。

　② 二重敬語を使わない

　敬語を使う場合、二重敬語を使わないほうがいいです。例えば、「ご覧になられました」「お越しになられました」「ご注文をお承りしました」「ご拝読いたました」のような言葉表現を使ってはいけません。「お伺いします」のような二重敬語は既に習慣として定着してきて、話し言葉として日常生活でよく使われますが、多くの二重敬語それ自体は間違った表現なので、使わないほうがいいです。また、社外メールで二重敬語を何度も使うと、「過ぎたるはなお及ばざるが如し」という感じを与えやすいので、メールでは二重敬語をできるだけ使わないほうがいいです。

　社外メールの相手は目上の人や大切な取引先である可能性がありますから、敬語の使い方をきちんと考えて、メールを書いた後で、もう一度自分のメールの読み返す必要があります。

例文3　追加注文のお願い

件名:「OA機器用スプリング」注文の件

三上商事株式会社　販売部
鈴木　俊介様

四方株式会社、営業部の李想です。

　　初秋の候、貴社いよいよご隆昌の趣、お慶び申し上げます。平素は格別のご高配を賜り、まことにありがとうございます。

　　先般メールで注文いたしました「OA機器用スプリング」は、予想以上の売れ行きで、完売も間近です。

　　つきましては、前回と同じ商品「OA機器用スプリング」（品番6245-743）を3,000本追加注文いたしますので、折り返し、納期をお知らせくださいますようお願いいたします。

　　金額、支払い方法などについては、前回同様の条件でよろしいでしょうか。

　　条件が変更になる場合は、事前にご一報ください。

　　取り急ぎ、追加注文のご連絡まで。

——

四方株式会社　営業部

李　想（リ　ソウ）

大阪府○○市△△町 11-9　2F

TEL: 066-3333-3333（直通）　066-9999-9999（代表）

FAX: 066-6666-6666

よく使う表現

① 初秋の候、貴社いよいよご隆昌の趣、お慶び申し上げます

　中国語で「初秋之际，恭祝贵公司蒸蒸日上。」という意味です。

　メールをより丁寧にするために、メールの冒頭では、「挨拶文」を書いて簡単な挨拶をするのが普通です。社外の方へ初めてメールを送る場合、「はじめまして。○○と申します。ますますご清栄のこととお喜び申し上げます。」のような言葉表現を使って、「您好，我是○○。祝贵公司生意兴隆。」という意味を表します。だた、よく行き来する社外の人なら、このような言葉は書く必要はなく、「いつもお世話になっております。」「お世

話になります」(「一直承蒙貴公司（您）的关照」) という表現だけでいいです。もちろん、季節の変わり目には、変わり目の関心を示す文を書くことができます。また、季節の挨拶文は「付録」で確認できます。

実は、ビジネスメールで「挨拶文」を使うことで、相手に親しみの感じを与えられます。

② 平素は格別のご高配を賜り、まことにありがとうございます

「平日承蒙格外关照，在此深表谢意」という意味です。よく似ている感謝の表現がいくつかあります。

- 平素は格別のお引立てをいただき、厚く御礼申し上げます。／素蒙特別关照，深表谢意。
- 毎々格別のご愛顧を賜り、厚く御礼申し上げます。／多蒙惠顾，深表谢意。
- 平素は格別のご高配にあずかり、ありがたく御礼申し上げます。／承蒙平时关照，不胜感谢。
- 毎度格別のご配慮をいただき、心から厚く御礼申し上げます。／多蒙平日特殊照顾，致以衷心谢意。
- このたびは格別のご配慮を賜り、厚く御礼申し上げます。／此次承蒙特殊照顾，深表谢意。
- 昨年は格別のご愛顧を賜り、深く感謝申し上げております。／去年承蒙特別照顾，我们深表谢意。
- いつも格別のお世話さまになり、心から感謝いたしております。／一直承蒙（贵公司）特別关照，由衷感谢。
- 昨年中はひとかたならぬお引立てをたまわり、心よりお礼申し上げます。／去年一年中，多承照顾，衷心致谢。
- ご多忙のところをご案内くださいまして、衷心より感謝致しております。／您在百忙之中给我们当向导，由衷感谢。

③ 取り急ぎ、追加注文のご連絡まで

中国語で、「时间紧迫，以此通知追加订货」という意味を表します。それに、よく似ている要求や催促を表す表現は「付録」で確認できます。

他の依頼メールの例文

　依頼メールには様々な種類がありますが、以上のような注文の件以外、他の依頼メールもあります。

＜社外向け＞アポイントの依頼をするメール

　会えることが確定、もしくは可能性が高い場合はこちらから日程を提示します。会える可能性が低い場合は面談の目的などを伝え、会ってもらえるか打診しましょう。

件名：
□□の打ち合わせ日程のご連絡

本文：
株式会社○○
●●様

いつもお世話になっております。
株式会社△△の▲▲です。

　昨日、電話でご相談した□□の打ち合わせについて、候補日時をご連絡します。

＜候補日時＞
- ○月○日（○）○○:○○～○○:○○
- ○月○日（○）○○:○○～○○:○○
- ○月○日（○）○○:○○～○○:○○

　1時間ほど、お時間をいただければと存じます。
　もし、ご都合が合わない場合は、●●様のご都合のよろしい日時を複数お知らせいただければ幸いです。

ご検討よろしくお願いいたします。

＜社外向け＞見積依頼メール

見積を依頼する側ですが、相手への配慮を忘れないようにしましょう。

件名：
□□お見積りのご依頼

本文：
株式会社○○
●●様

いつもお世話になっております。
株式会社△△の▲▲です。

先日ご説明いただいた□□のお見積りをご依頼したく、ご連絡いたしました。

今後、貴社の製品を検討するにあたり、費用を含めて上司に相談する必要がございます。

お忙しいところ恐れ入りますが、○月○日（○）までにご送付いただけますでしょうか。

よろしくお願いいたします。

＜社外向け＞返信依頼メール

期日までに返事がもらえない場合は、相手を責めずに返事がほしいことを伝えましょう。

件名：
□□お見積り内容ご確認のお願い

本文：
株式会社〇〇
●●様

いつもお世話になっております。
株式会社△△の▲▲です。

先日は、□□についてご商談のお時間をいただきありがとうございました。
またお見積りのご依頼もいただき、深く感謝申し上げます。

さて、〇月〇日（〇）にメールにて見積書をお送りしました。

ご検討中のことと存じますが、他に必要な情報や条件などがあればお申し出ください。

ご多用中のところお手数をお掛けしますが、ご要望の期日に納品させていただくためには、〇月〇日（〇）15 時までにご送付いただけますようお願いいたします。

何卒よろしくお願い申し上げます。

＜社外向け＞訪問依頼メール

訪問を依頼する理由を明確に示しましょう。

件名：
「□□」ご説明のお願い

本文：
株式会社〇〇

●●様

いつもお世話になっております。
株式会社△△の▲▲です。

先日お送りいただいた「□□」のパンフレットを拝見し、興味を持ちましたので、詳しい説明をお願いできないでしょうか。

つきましては、以下の日程で、●●様のご都合のよろしい日時はございますでしょうか。

- ○月○日（○）○○:○○～○○:○○
- ○月○日（○）○○:○○～○○:○○
- ○月○日（○）○○:○○～○○:○○

お忙しいところ恐縮ですが、ご連絡いただきますようお願い申し上げます。

> 直接会って話をしたい、話すべき内容もある場合は、「このようなご時世の中、誠に恐縮ですが」と相手の状況を伺いつつ「差し支えなければ、ぜひご来社いただき直接お話を伺いたい」と伝えたり、あるいは、「●●様に直接お会いしてお話を伺いたいので、差し支えなければ訪問いただきたい」となぜ訪問してもらいたいのかを説明する一文を添えると良いでしょう。

＜社外向け＞面接・面談依頼メール

こちらからは候補日をいくつか挙げるケースの書き方です。

件名：
面接希望日時のご連絡

本文：
株式会社〇〇
人事部
●●様

お世話になります。
この度、貴社の求人に応募させていただきました▲▲と申します。

書類選考通過のご連絡いただき、誠にありがとうございました。
下記の日時にて、面接を希望いたします。

第一希望：〇月〇日（〇）〇時
第二希望：〇月〇日（〇）〇時
第三希望：〇月〇日（〇）〇時

ご多忙の折、大変恐縮ですが、ご連絡をお待ちしております。
何卒よろしくお願い申し上げます。

＜社外向け＞日程変更依頼メール

　調整済みの日程を変更してもらいたい場合には、謝罪の上、再調整がスムーズに進むように配慮しましょう。

件名：
打ち合わせ日時変更のご相談

本文：
株式会社〇〇
●●様

いつもお世話になっております。

株式会社△△の▲▲です。

次回打ち合わせについてのご相談です。

〇月〇日（〇）〇時より打ち合わせのお約束をしておりますが、急な社内事情により、伺うことができなくなりました。

せっかくご調整いただきましたのに、申し訳ございません。

誠に勝手なお願いですが、以下の日程で再調整をお願いできませんでしょうか。
- 〇月〇日（〇）〇〇:〇〇～〇〇:〇〇
- 〇月〇日（〇）〇〇:〇〇～〇〇:〇〇
- 〇月〇日（〇）〇〇:〇〇～〇〇:〇〇

他の日程でもかまいませんので、●●様のご都合をお聞かせいただければ幸いです。

大変恐縮ですが、よろしくお願いいたします。

豆知識

依頼メールを送るポイント

1. 内容を明確に伝える

　何かをお願いしたいときは、情報を整理し、お願いしたい内容を明確にした上で依頼メールを書きましょう。相手に余計な手間をかけさせないように判断材料を揃えておけば、結果としてやりとりは短くなります。
　例えば、講演を依頼するとき、「A先生に〇月×日10時からのセミナーに登壇していただきたい。講演料は交通費と宿泊費込みで10万円」のように条件が決まっている場合は、最初からすべての要素を入れたメー

ルを送りましょう。

2. なぜ依頼したいのかを説明する

相手に何かを求める場合には、その理由を伝える必要があります。依頼する目的や人選の背景、何を期待しているのかなどを伝えるとともに、自分の立場や目標についても説明を添えておくとよいでしょう。

3. リアクションの期限を伝える

期限がある場合、「いつまでに回答がほしいか」という期限を相手に伝えておくことは、相手にとっても、依頼する側にとっても大切なことです。「お時間のあるときに」と書かれていると、重要度が低いという印象を与え、後回しにされかねないからです。ただし、「無理な期限設定や返事は当然」というような書き方は失礼ですので避けましょう。

4. 相手への感謝の気持ちを忘れない

相手にお願い事をする際のメールは、あくまでも相手の立場を考えて書くことが大切です。「恐れ入りますが」などのクッション言葉や、「よろしくお願いいたします」という配慮を感じさせる言葉を使いながら、感謝の気持ちを忘れず、ひとつひとつの文章を丁寧に書きましょう。

5. 添付など必要な要素は漏れなく完璧に

社外の相手への依頼メールをする場合には、必要な要素は漏れなく完璧にしてください。こちらもビジネスシーンでは、常に気を付けなければならないことと言えます。特に相手が社外人員である場合、ここで手を抜けば、大きなマイナスになってしまいます。また、多忙な相手に依頼をするのに、必要な要素が漏れてしまえば、その仕事は何倍も遅れることになりかねません。

仕事を依頼する際は、より入念な確認が必要です。メールに必要な文言が入っているか、添付資料が付いているか、など徹底的にチェックしたうえでメールを送信しましょう。

第18课
道歉信

• お詫び状 •

　人を不快な気持ちにしたり、迷惑をかけたり、事業活動を滞らせたりした場合に、必ずしなければいけないのが「お詫び」です。例えば、納品の遅れやミス、サービスの不備、事務手続きのミスなど企業からお客様へのミス、また返済遅れ、借用品紛失、出席を予定していた会合への突然の欠席など個人におけるミスなど、これらには「お詫び」が必要となります。お詫びには、謝罪や反省の意味があるものですが、お詫びの仕方によっては逆効果になることもあります。それだけに「お詫び」には細心の注意が必要です。

書き方のポイント

　① お詫び状には、一般的に、謝るべき内容および過失の詳細を明らかに記載する必要があります。

　② お詫び状の内容は、決して責任を回避するあるいは曖昧な表現を避けます。

　③ お詫び状に緊急の対応が必要な場合は、「前略」などの冒頭の言葉を使った後、本題に入ることも可能でしょう。

　④ お詫び状の最後の部分に対応策や改善策の内容が必要であり、最後に謝罪の言葉を述べなければなりません。

写作要点

　①道歉信一般需要清晰明了地写出需要道歉的事情，以及所犯过失的具体情况。

②切忌在道歉信中推卸责任、含糊其辞。

③如果道歉信中需要紧急的答复，可以在使用"前略"等开头语后，直接进入主题。

④在道歉信结尾部分，需要提出相应的对策或者补救措施，最后必须以道歉的语句结束整封道歉信。

例文1　返信遅れのお詫び

> お世話になっております。
>
> 株式会社○○の○○です。
>
> この度は、弊社の新製品の資料請求のご連絡をいただき、誠にありがとうございます。
>
> そのご返信が遅くなりましたこと、申し訳ございませんでした。
>
> ご請求いただきました資料は、本日発送させていただきましたので、ご確認の程、何卒宜しくお願い申し上げます。
>
> また、ご不明な点などございましたら、お知らせいただければ幸いです。
>
> メールにて恐縮ですが、ご返信が遅れたお詫びとさせていただきます。
>
> 何卒よろしくお願い申し上げます。
>
> ----
>
> 四方株式会社　営業部
>
> 李　想（リ　ソウ）
>
> 〒545-1234
>
> 大阪府○○市△△町 11-9　2F
>
> TEL: 066-3333-3333（直通）　066-9999-9999（代表）
>
> FAX: 066-6666-6666

例文2　納品遅延のお詫び

拝復

　平素より大変お世話になっております。株式会社○○の○○です。

　去る△月△日付で、ご注文いただきました「製品番号○○」2,000個の件でご連絡をさせて頂きました。納期の予定日が△月△日とお伝えしておりましたが、製品に梱包ミスが発覚したため納期が△日ほど延びてしまい、△月△日となる予定です。今回の納入日遅延は当社の責任であり、貴社に多大なご迷惑をお掛け致しましたことを、衷心よりお詫び致します。

　現在は1時間でも早く納品できるように、再梱包から検品まで至急取り掛かっております。△月△日までには必ず納入させて頂く所存でございます。

　何とぞ以上の事情ご賢察の上、ご容赦くださいますよう、お願い申し上げます。

　納品日が短くなるよう努めて参りますので、大変恐縮ではございますが、何卒ご了承くださいませ。

　取り急ぎ、納品日のお詫びを申し上げます。

敬具

四方株式会社　営業部

李　想（リ　ソウ）

〒 545-1234

大阪府○○市△△町 11-9　2F

TEL: 066-3333-3333（直通）　066-9999-9999（代表）

FAX: 066-6666-6666

よく使う表現

今回の納入日遅延は全く当社の責任であり、貴社に多大なご迷惑をお掛

け致しましたことを、衷心よりお詫び致します

　「本次交货期延期，本公司承担全部责任，给贵公司增添了不少麻烦，衷心致歉」の意味です。

例文3　送信間違いのお詫び

　　春暖の候、ますますご隆昌のことと、お喜び申し上げます。平素はいろいろとご厚情を賜りまして、心よりお礼申し上げます。

　　昨日〇月〇日〇時〇分にお送りしたメールにつきまして、他社様に送信するメールを誤って〇〇様に送信してしまいました。ご迷惑をおかけしてしまい、申し訳ございません。

　　メールの内容に関しては御社と一切関連の無いものですので、そのまま破棄して頂くようお願い致します。お手数をおかけしてしまい大変恐縮ですが、何卒お願い申し上げます。

　　また添付資料の商品に関しましては、協力会社様とのお付き合いがある上での特別商品となっております。何卒ご理解・ご了承頂きますようお願い申し上げます。

　　今後とも変わらぬお取引、何卒宜しくお願い申し上げます。取り急ぎ誤送信のお詫びを申し上げます。

よく使う表現

　そのまま破棄して頂くようお願い致します

　「请废弃那条消息」の言い方です。「そのまま」は「本来の状態を保つ」という意味を持ちます。

豆知識

面接の注意点

時間を守る

基本的なことではありますが、面接の時間に遅れてしまうのは NG!

時間に遅れる人というのは、普段からルーズな人と捉えられてしまいます。時間に余裕を持って行動し、5分前までには準備をしておくようにしましょう!

第一印象を良くする

人の第一印象は6秒で決まると言われています。

どんなに良い内容を話しても、第一印象が悪いと選考を突破するのは難しいです。身だしなみを整える、元気よく挨拶をするなど、面接時には必要な心得です!

自分の言葉で伝える

「志望動機」「自己紹介」「学生時代に頑張ったこと」などは高確率で聞かれるため、しっかりと自分の言葉で熱意を伝えることが大切です!

これらを意識して、面接頑張ってくださいね。

商务贸易篇
商取引編

　　李想渐渐地熟悉了公司的业务，在上司的指导下，李想开始学习国际贸易相关的业务。从找新的客户到买方报价、卖方报价、商务洽谈（交货时间的提前、订单的取消）、签订合同等一系列流程，以及公司的各种文件和邮件书写都学习了一遍。今天上司夸他可以独当一面，李想非常有成就感，表示今后会更加努力。

第19课
吸引客户

● 新規顧客開拓 ●

上司让李想给通过市场调查所获得的几家客户公司发一份介绍公司产品的邮件。

　どれほど優れた商品を有しても、オフィスで待っていてお客さんが来る時代ではなくなりました。売り手も買い手も溢れるほどある情報を整理して積極的に市場を開拓すべきです。

　新規顧客開拓に関する文書を書く時に、自社と自社の営業商品の PR を、カタログ・見本・見積もりなどを添え、Q（品質）C（コスト）D（受け渡し納期）S（サービス）を中心にしたほうがいいです。自社製品（商品）の新たな売り込み先を見つけるために、買い手を惹きつけるにはどうすればいいでしょうか。

書き方のポイント

　① 相手の状況をどのように知ったか、及び取り引きの願望。

　特に、人間関係を重視する日本企業を相手にする場合、知人の紹介が欠かせません。

　② 当社が取り扱う商品、業務内容その他参考事項（輸出又は販売の場合）を紹介し、又は販売予定商品（輸入又は国内購入の場合）を相手方に知らせます。

　③ 貿易条件

　自社の口座開設銀行、顧客などを明示して信用調査を容易にしたほうがいいです。

写作要点

① 如何获悉对方的情况，以及希望开展贸易的愿望。

特别是以重视人情世故的日本公司为贸易对象时，熟人的介绍必不可缺。

② 介绍本公司所经营的商品、业务内容以及其他参考事项（出口或者销售的时候），或者告诉对方己方计划贩卖的商品（进口或者是国内买入的时候）。

③ 贸易条件

最好明确注明自己公司的开户银行、客户等，方便对方进行信用调查。

例文1　新製品の紹介

　　さて、このたびお申し越しの「新型デジタルカメラ AG」は、いずれも他社に先駆けた工夫と改善を致しており、何度も信頼性試験を経ての自信作でございます。今回の「新型デジタルカメラ」は 1 回の充電で 950 枚の長時間撮影が可能、乾電池も使用することができ、外出先でも安心です。

　　価格も従来のものと比較してかなりお安くなっております。また品質もご存じのように徹底した品質管理を行い、製品に生かしております。その上、重さ 100 グラムで、軽量化にも満足していただける自信がございます。

　　まずは取り急ぎご連絡まで、取扱説明書をお送りいたします。

よく使う表現

「お申し越し」（おもうしこし）传话、通知、提出、要求

例文：お申し越しのとおり／如你通知的那样。

　　　書面でお申し越しの件／来信所提之事。

例文2　新規顧客開拓

　残暑厳しい折柄、貴社益々ご清栄のことと存じ上げます。不躾ながら初めて手紙を差し上げますことをお許し下さい。○○社を通じて御社のご盛業ぶりを承り、是非ともお取引頂きたく、お願い申し上げます。

　弊社は昭和○○年設立し、○○市○○町において○○の販売を営んでおります。

　つきましては、添付ファイルで弊社の営業案内・資料等をお送りいたしますので、ご高覧の上でぜひともお取引のご検討をお願い申し上げます。

よく使う表現

①「ご高覧」
「ご高覧」是「見る」的敬語。但只有在書信等有限的場合使用。
例文：ご高覧いただきますようよろしくお願い申し上げます。
②「添付ファイル」"附件"的意思。

例文3

　××××株式会社
　国際貿易部部長殿

新製品御紹介の件

　拝啓
　初春の候、ますます御清栄のことと存じ上げます。
　日頃から貴社には、弊社製品を購入していただいており、厚くお礼申し上げます。
　さて、昨年1年間、弊社が従来の機種1に対して、新技術の導入により大規模な技術改造を行った結果、機種2が誕生致しました。本機械は

以前からお客様より要望のありました自動制御の点を改善し、更に加工形状の多様化、加工形状転換の自動化を実現したものであります。

　価格につきましては、性能向上の割には、従来の機種に比べ、割安となっております。尚、従来の機種との性能と価格の比較表を同封致しますので、ご検討のほどよろしくお願いいたします。

　近日中に弊社の技術担当者が貴社を訪問し、ご説明を致しますが、その節はご多忙中誠にご迷惑とは存じますが、よろしく御引見、御指導の程お願い申し上げます。

敬具

　同封物：1. 新製品の従来機種との性能と価格の比較表 2 部
　　　　　 2. 機種2のカタログ 5 部

よく使う表現

　「当社」と「弊社」表示自己的公司，「御社」と「貴社」表示对方的公司。「当社」在公司里面使用，「弊社」对客户使用。「御社」为口语，「貴社」为书面语。比如：日本上班族发邮件时用「御社」，这个不正确，应该用「貴社」。

豆知識

名刺交換

　名刺はその人のもう一つの顔です。自分の名刺も相手の名刺も大切にしましょう。

　1. 名刺交換は必ず双方共に立って行います。できればテーブル越しではないほうがいいです。

　2. 相手側と自分側が複数の場合には、役職が上の人から名刺を出し、一対一の場合は訪問した側や目下の人から先に出すことになっています。

3．名刺を渡す時に立って相手の胸の高さぐらいのところで顔をきちんと見てから相手が文字を読めるように右手で渡します。渡しながら、自分の名前、会社名などを言い、お辞儀をします。

4．相手から名刺を受け取る場合、両手で、胸の高さで受取、頂戴いたします。「〇〇様ですね」と相手の名前を確認してから、名刺を机の右上に置きます。

第 20 课
买方报价

• 買い申込み •

> 李想发送的介绍公司产品的邮件得到了几家公司的回复，其中有两封邮件是订单。李想认真阅读了这两封邮件，打算今后自己下订单的时候也这样写邮件。

　貿易をする際、取引相手に取引条件を提示し、それに基づく取引ができるという意思を相手方に示すことをオファーと言います。

　オファーは① 売り申込み② 買い申込み③ カウンター・オファーの３つに分けることができますが、通常、単にオファーといえば売り申込みを指します。買い申込みは一般的に注文書と呼ばれています。

例文1

拝啓　時下、益々ご清栄のことと、お慶び申し上げます。
　さて、貴社の製品サンプルを拝見いたしました。ありがとうございました。
　こちらで積極的に検討致した結果、下記の取引条件などに関して確認させていただきたく存じます。よろしくお願い申し上げます。
敬具

記

注文書
1. 品名: 新型デジタルカメラ AG

2. 価格：＊＊＊＊円

3. 数量：　1千個

4. 納期：発注後＊＊日　　　　　　＊＊月＊＊日

5. 支払条件：現金払い或いは手形支払

6. 細部に関しては再度確認。

よく使う表現

①「納期」的意思是"交货的时间"。

②「細部に関しては再度確認」翻译成"关于细节部分需再确认"。

例文2　一般注文状

　　この度、新型デジタルカメラ AG を購入したく、以下の通り注文いたしますので、至急ご回答くださいますようお願い申し上げます。

記

注文書

1. 品名：新型デジタルカメラ AG

2. 価格：＊＊＊＊円

3. 数量：　5万個

4. 納期：発注後＊＊日　　　　　　＊＊＊＊年＊＊月＊＊日

5. 支払条件：L/C　船積み 10 日前に開設

6. 有効期限：＊＊＊＊年＊＊月＊＊日

7. 細部に関しては再度確認。

よく使う表現

　　① L/C 是指信用证 （L/C, Letter of Credit）。这是商家开立的在一定期限内凭符合信用证条款单据即期或在一个可确定的将来日期兑付一定金额

的书面承诺。这种承诺是有条件的，要求提交信用证规定的单据和单证必须相符。当买卖双方首次接触，不了解对方商业信誉时，常在合同中规定使用信用证付款方式。

②「至急ご回答くださいますようお願いします。」意为"拜托请速予答复"。

豆知識

オファーのおおまかな流れ:

ステップ1: 引き合いと返事

ステップ2: オファーとカウンター・オファー

ステップ3: オファーの承諾

ステップ4: 契約

引合	買い手から、売り手に対して欲しい品物の見積もりを依頼すること
オファー	上記に対して売り手から買い手に対して条件を提示すること
	オファーには、通常以下のことを記載します。 品名 品質条件 数量 建値 価格 決済条件 出荷時期 包装条件 保険条件 検収条件 特記事項 提示条件の見積もり有効期限
交渉	「値段を下げてほしい」「もっと早く出荷欲しい」などの交渉

続　表

ビッド	ビッドには、一般的な意味はあるが、輸出貿易では、交渉開始の時に、若しくは交渉途上で、買い手から売り手に対して価格などの購入条件を提示する時に使用される。確定買い申し込みのケースでは、提示条件を売り手が受ければ契約となる。
成約（コントラクト）	交渉結果、諸条件が合意されると契約となる。 契約成立の際にまず行うべきことは① 契約書の交換 ② 為替予約。
受渡	契約に基づき、貨物が輸出通関の上、船積みされること。更に、買い手が荷受け地で貨物を船から受取、輸入通関が行えるよう必要な書類（船積み書類）を作成・送付すること。

第 21 课
卖方报价
● 売り申込み ●

針对两封订单的邮件，上司要求李想发送邮件回复，并发送公司商品的报价单。

　客からニーズがあれば、速やかに、そして積極的に対応することが求められています。その時に売る側（売り手）として、オファーを出します。この場合、ファーム・オファーとも言えます。売り申込みの内容は品名、価格、数量、納品状態、品質、支払条件、有効期限などを含めます。

例文1 オファー

　さて、この度、当社製品「新型デジタルカメラ AG」につきまして、見積書を受領いたしました。
　ご要望に添えるよう、ご依頼のとおりお見積依頼書を作らせていただきました。
　まずは、書中をもちましてご連絡申し上げます。

記

価格
支払い方法
送料
保証金
その他

よく使う表現

①「ご要望に添えるよう、ご依頼のとおりお見積依頼書を作らせていただきました。」翻译成"按照您的要求，我方制作了报价单"。

②「見積書」翻译成"报价单"。

例文2

2022年5月10日

○○会社○○様

○○株式会社

拝啓

　貴社益々ご隆盛のことと喜び申し上げます。平素は格別のご高配を賜り、厚く御礼申し上げます。

　このたびは、貴社よりの商品価格お問い合わせをいただきありがたく存じます。早速ですが、別紙のとおり、ご依頼いただいた内容でお見積書を作成しましたので、送付いたします。ご査収のほどよろしくお願いいたします。

○○株式会社○○様　　　　　　　　　　　　　No：＊＊＊＊

　　　　　　　　　　　　　　　　　　　　　　＊＊＊＊年＊＊月＊＊日

　　　　　　　　　　　　　　　　　　　　　　○○株式会社

　　　　　　　　　　　　　　　　　　　　　　○○部

　　　　　　　　　　　　　　　　　　　　　　TEL：

　　　　　　　　　　　　　　　　　　　　　　李想

御見積書

御見積もり金額　　　＊＊＊＊円

　この度はお見積をご依頼いただき誠に有難うございます。下記のとおりお見積もり申し上げます。

　ご検討の程宜しくお願い申し上げます。

納品場所：

納期：

本見積もり有効期限：

NO.	項目	単価	数量	単位	金額	備考
	合計					

　上記オファーをお受けいただきたく存じます。ご返事お待ち致しております。

敬具

よく使う表現

「問い合わせ」翻译成 "咨询"。

豆知識

主な貿易条件について

FOB (Free on Board)

　提携貿易支払条件の一つで、売り手は約定品を本船に引き渡すまでの費用を最終費用として価格を算定します。「輸出港本船積込渡値段」とも呼ばれます。FOB の後に必ず、船積港の名を連記します。

CIF (Cost Insurance and Freight)

　運賃保険料込み条件です。約定品が買い手の指定する場所に届いた時点でその所有権が買い手に移転するという取引条件です。

いわゆる、CIF＝FOB＋運賃や保険料

CFR (Cost and Freight)

運賃込条件のことで、在来船による海上輸送の際に用いられる取引条件です。すなわち、FOB の価格に仕向港までの運賃だけを算入する立て値の方法で、海上保険料が除かれる以外は CIF とは変わりません。売主が輸入港までの運賃を負担することで、危険負担は FOB と同じように貨物を輸出港に停泊中の本船に積み込んだ時に買主に移転します。

第22课
洽谈交涉

• 交渉、カウンター・オファー •

李想给对方公司发送了报价单，但是上司确认内容以后，发现商品的一些信息是之前的报价单里的旧信息，现在商品的尺寸发生了改变，上司要求李想给客户公司发送邮件，说明需要改变的事项。

カウンター・オファー（反対申し込み）はファーム・オファーに対し、輸入者が条件の変更（多くの場合、価格の値下げ）を求めて出す返事です。これを輸入者が引き受ければ契約は成立しますが、また、輸入者と輸出者の間で条件交渉がさらにつづく場合もあります。

例文1 注文訂正のお願い

　さて、先にお電話でご連絡申し上げましたように、＊＊月＊＊日付注文書＊＊＊番で注文しました商品は、誠に勝手ながらも、以下のように訂正させていただきます。
　まずは、取り急ぎ注文の訂正のお願いまで。

商品番号	商品名	サイズ	訂正前	訂正後
＊＊＊＊	＊＊	＊＊	＊＊	＊＊

よく使う表現

「誠に勝手ながら、以下のように訂正させていただきます。」

「誠に勝手ながら」は決まり文句のようなもので、「こちらの都合で言っているのはわかっておりますが」という意味です。

此处译为"抱歉由于我方的原因"，在不同的句子里根据上下文有不同的翻译。

例文2　カウンター・オファー

前略

本日 10 日付貴信により、掲題商品新型デジタルカメラ AG、FOB 上海のオファーを頂きまして、ありがとうございます。

誠に残念ですが、当方のユーザーは貴社の価格が高すぎると申しております。

情報によりますと、市場では＊＊＊元で売られております。従いまして、もう値段を下げていただければ、例えば、8％値引きして頂ければ、ユーザーに貴社の価格での検討を説得いたします。市価は現在下落しつつあります。何卒、十分ご検討の上、ご対応をお願いします。

至急ご返事をお待ちしております。

よく使う表現

①「至急ご返事をお待ちしております。」「至急」翻译成"火急、赶快"。

②「カウンター・オファー」翻译成"还盘"。

例文3　注文引受取り消しのお願い

　　さて、＊＊月＊＊日付注文書 NO ＊＊で、ご注文の＊＊は、現在の当社の在庫では、ご指定期日の＊＊月＊＊日までに、納入できるとお約束できない状態です。

　　誠に申し訳ございませんが、なにとぞ事情をご賢察の上、ご注文のお取消をお願い申し上げます。

　　当社工場では、増産に努めており、＊＊月＊＊日には出荷出来る予定ですが、出荷の可能な時点でご連絡申し上げますので、改めてご注文賜りますよう、お詫びかたがたお願い申し上げます。

よく使う表現

　　「出荷」（しゅっか）荷物を積み出すこと。商品を市場に出すこと。翻译成"出货、上市；发货、发出货物"。

豆知識

　　株式会社は「有限公司」と似た意味で、日本、韓国企業の代名詞として通用します。株式は「股票」の意味であり、会社は有限公司、商社の意味です。株式会社は日本式の「有限公司」、つまり中国でよく使う「股份公司」（有限会社）です。

　　日本では「股票」を株と呼びます。何人かの株主がお金を集めて設立した会社を株式会社と呼びます。韓国の株式会社は日本と同じで株式会社と呼ばれ、株式は「股份」と同義であり、会社と「公司」は同義です。株式会社は法律によっても有限責任を負う有限公司ですが、慣習上は特に明記されていません。一般的に会社名の前に「株」マークがついているのは、日本株式会社であることを意味します。

第23课
合同书
● 契約書 ●

李想终于跟客户谈成了合作，接下来是外贸洽谈的最后一步——签订合同。上司跟李想交代了一些注意事项，就把制定合同的工作交给了李想。

　　取引の意向がある両社は、考えをすりあわせて、「意向書」を締結します。それから、両社はさらに交渉し、ほぼ合意に達した段階で、内容を詳細に決める「協定書」を結びます。それに基づいて、さらに打ち合わせて、最終にファーム・オファーにいたり、契約書を結ぶことになります。

　　契約書とは、当事者の間に、互いの約束を書面でまとめ、違約行為が生じた場合、違約責任を追及するための根拠であり、当契約の当事者が作成したことを証明するために、署名や記名、捺印（実務上、両者は「調印」と呼ばれる）をします。

　　日本法では、一部の例外（保証契約など）を除き、契約の成立には契約書を作成することを必要としないことから、契約書を作成しなくても当事者間で口頭による合意があれば契約が成立します。

1. 意向書及び協定書

　　意向書は協定締結の意思を表示し、相手方の同意を得た文書です。このような文書は一種の意思表示を目的としており、正式な協議ではありません。したがって、その署名方式は比較的自由で、普通二つの方式があります。一つは単独署名

式であり、もう一つの形式は共同署名式です。これは一つの意思表示に過ぎませんが、形式的には合意の形式を維持します。つまり、書面に協力する双方の肩書きと代表者の名前を書き、双方がそれぞれ署名し、それぞれ1部ずつ執行することを根拠とします。

例文

　　中国〇〇公司（以下買手と称する）は日本〇〇貿易株式会社（以下売手と称する）と、本契約を締結する。下記の通り合意する。

1. 品名及び規格（材質）：＊＊＊
2. 製造業者：＊＊
3. 数量：＊＊＊
4. 単価：＊＊＊円
5. 総額：＊＊＊＊円
6. 保険：略される
7. 包装：長距離海上輸送に適する、防潮、防振、防錆、運搬に耐え得る貨物包装とする。包装の不備により発生した損失は、売手が負担する。
8. 荷印：売手は貨物箱に、総量、純量、荷番号、容積及び下記荷印を明瞭に記載する。
9. 船積港：日本＊＊　　仕向港：中国＊＊港
10. 船積期：＊＊年12月下旬まで
11. 決済条件：信用状（L/C）
12. 仲裁：この契約を履行することにおいて発生し、または当契約に関連するすべての紛争は、先ず契約当事者双方が誠意をもって解決する。協議により解決する事ができないときは、仲裁に付託する。
13. 本契約は中国語文及び日本語文をもって正本各2部を作成、両文は同等の効力を有し、調印後双方はそれぞれ1部を保有するものとする。

年　月　日

＊＊＊＊公司

住所：

＊＊＊＊会社

住所：

よく使う表現

① 荷印（にじるし）：唛头，音译名词，即 mark 头。商标的意思，进出口货物的包装上所做的标记，取自英文 mark。可简单理解为标签。外贸中的唛头是为了便于识别货物，防止发错货，通常由型号、图形或收货单位简称、目的港、件数或批号等组成。通常是由一个简单的几何图形和一些字母、数字及简单的文字组成，其作用在于使货物在装卸、运输、保管过程中容易被有关人员识别，以防错发、错运。

② 仲裁（ちゅうさい）：调停，调解，排解，说和，劝解。

③ 調印（ちょういん）：签订。有签字盖章的意思。

例文：両国の代表が協定に調印する。／两国的代表在协定书上签字。

2. 契約書

例文1

　日本四通産業株式会社（以下日本四通という）、マップ株式会社（以下マップという）、中国リュウコウ電子技術有限公司（以下リュウコウという）は、リュウコウが製造する日本四通向けの新型デジカメ AG（以下本製品という）の取引に関して、以下の通り契約する。

　第1条　製造委託

　日本四通はマップを経由してリュウコウに本製品の製造を委託する。リュウコウはこれを受託して本製品を製造し、マップへ販売する。マップはこれを日本へ輸入し、日本四通へ販売する。

　第2条　受発注

　1. 日本四通は本製品について、品名、数量、納期、納入場所等を指示してマップに発注し、マップが日本四通の発注に受諾する意思を表示したとき、日本四通及びマップ間の個別契約が成立する。

　2. マップは、前項の発注に基づき、品名、数量、納期、納入場所等を指示してリュウコウ間の個別契約が成立する。

第 3 条　支払い条件

本製品の単価、代金支払い期日、支払い方法及び他の売買に必要な条件については、各当事者別途協議の上定めるものとする。

第 4 条　引渡し及び所有権移転

1. リュウコウからマップへの本製品の引渡しは、中国国内にて本製品が船積みされた時に完了するものとする。

2. マップから日本四通への本製品の引渡しは、日本四通が指示する納入場所へ納入され、日本四通の定めた検収者の検収が終了した時に完了するものとする。

3. 各当事者間の本製品の所有権移転時期は、本製品の引渡しが完了した時とする。

第 5 条　危険負担

本製品の引渡し完了前に生じた本製品の滅失、破損、減量、変質、品質不良、数量不足による損害は、他の当事者の責に帰すべき事由によるものを除き、当該売主の負担とし、本製品の引渡し完了後に生じたそれらの損害は、他の当事者の責に帰すべき事由によるものを除き、当該買主の負担とする。

第 6 条　瑕疵担保責任

各当事者間の本製品の引渡し完了後において、当該買主がこれに瑕疵または数量不足を発見した時は、直ちに当該売主に対してその旨を通知するものとする。この場合、当該買主は個別契約解除または代金の減額もしくは損害賠償を請求することができる。

第 7 条　製品の原料等

1. 本製品の製造に要する主要原料（以下主原料という）は、リュウコウが自らの責任と負担で調達する。

2. 本製品の製造に要する副原料及び包装資材（以下副原料類という）の規格は、日本四通がマップを通じてリュウコウに指示し、リュウコウが自らの責任と負担で調達する。

3. リュウコウは日本四通に対し、主原料、副原料類の製造元を報告するものとする。

第 8 条　技術指導

1. 日本四通はリュウコウに対し、自らまたはマップを通じて、本製品の製造に関する技術、ノウハウの指導、従業員教育等を行うものとする。

2. リュウコウは、前項の日本四通の指導を遵守し、本製品の品質確保に努めるものとする。

第 9 条　工場立入調査

日本四通及びマップはリュウコウの承認を得た上でリュウコウの工場、倉庫における設備、ならびに本製品の製造工程、生産管理、衛生管理の状況、保管状況等の立入調査を行うことができると同時に、調査結果に基づいてリュウコウに対し改善を求めることができる。

第 10 条　物流上の責任

マップは自らの責任において、本製品の物流を委託する者を選定し、本製品につき、温度管理、衛生管理を徹底させ、流通過程での品質管理に注意を払わせるものとする。

第 11 条　許認可の取得

リュウコウは、本契約の履行に必要な中華人民共和国関係官庁の許認可を取得維持し、マップは自らの責任でこれを確認し、その写しを日本四通に提出する。

第 12 条　財産権の保証

1. マップ及びリュウコウは本製品について次の事項を保証するものとする。

① 原材料、品質、機能、表示、安全性（製造物責任法上の欠陥の存しないこと）、その他本製品に関する一切の事項について関係諸法規、各地方自治体条例及び日本四通の定める品質基準に違反していないこと。

② 第三者が有する産業財産権（特許権、実用新案権、意匠権、商標権）、著作権、肖像権その他の一切の知的財産権を侵害していないこと。

③ 原産地、原材料、或いは品質に関して虚偽の表示をしていないこと。また広く知られた第三者の商号、容器、包装等と同一、または類似のものでない等不当競争防止法に違反していないこと。

④ 本製品に付属する使用指示書、取扱説明書あるいは警告書の指示内

容が安全な使用方法、禁止事項及び危険を使用者に対して明確かつ適切に通知していること。

2. マップ及びリュウコウは、前項各号に違反して、又はその恐れがある事実を知った場合、日本四通に直ちに通知するものとする。

3. 日本四通は本条第 1 項の品質保証の一環として、マップ及びリュウコウに対して品質検査報告書の提出を求めることができる。この場合の検査費用はマップ及びリュウコウの負担とする。

第 13 条　製造物責任

1. マップ及びリュウコウは、本製品の欠陥により日本四通またはユーザーに損害をもたらした場合、連帯して日本四通またはユーザーが被った損害を賠償する責を負う。

2. マップは前項の損害を賠償した時、本製品の製造者であるリュウコウに求償することができる。

3. マップは本製品につき、自らの費用で当該損害を担保する生産物賠償責任保険に加入し、日本四通の要請により保険証券を提示する。

第 14 条　クレーム処理

1. 本製品の欠陥に起因して日本四通が日本四通の顧客またはユーザーから、商品クレームまたは製造物責任などの訴訟を提起される等紛争の当事者となった場合、あるいはその恐れがある場合、日本四通は速やかに他の当事者に通知し、各当事者は日本四通の指示に基づき協力し、紛争解決に最善を尽くすものとする。

2. 前項により日本四通が損害を被った場合、マップ及びリュウコウはその損害額及び費用を負担するものとする。ただし、日本四通の過失により生じた部分は除く。

3. 本条第 1 項のクレーム等がリュウコウの製造上の事由による場合、日本四通は本製品の製造委託を中止することができる。なお、当該製造中止に係る損害はリュウコウが負担するものとする。

4. 前項の中止があった場合、14 日以内にリュウコウにおいて改善が認められない時は、日本四通は本契約を解除することができる。

第 15 条　本製品の回収及び費用の負担

1. 本製品に関して製造物責任事故が発生した場合、或いは消費者から本製品の不安全な状態についての苦情があった場合、本製品が法律、規則、品質基準等から逸脱していることが判明し、或いはその恐れがある場合、日本四通は当該本製品の回収、代替品交換、廃棄等、事故発生または拡大の防止のために必要な処理を行うものとし、速やかに処理状況を通知する。なお、回収すべき本製品の範囲、回収した本製品の処分の方法、その他本項の処理に関する事項は、日本四通の判断によるものとする。

2. マップ及びリュウコウは、前項の処理につき要した費用を負担する。ただし、日本四通の責に帰すべき事由である時は、その責任割合に応じて日本四通、マップ、リュウコウそれぞれが負担するものとする。

第16条　秘密保持

1. マップ及びリュウコウは、以下に定める情報（以下まとめて本件情報という）を秘密として保持し、これを第三者に展示、漏洩してはならない。ただし、日本四通の文書による事前の同意がある場合は除く。

① 本製品及びその副原料に関する製造技術（ノウハウを含む）、製造設備、サンプル、完成品、その他関連する一切の情報。

② 日本四通が提案し、リュウコウが開発した、開発中である、または開発する予定である製品及びその副原料に関する製造技術（ノウハウを含む）、製造設備、サンプル、完成品、その他関連する一切の情報。

③ リュウコウが提案し、日本四通が開発した、開発中である、または開発する予定である製品及びその副原料に関する製造技術（ノウハウを含む）、製造設備、サンプル、完成品、その他関連する一切の情報。

④ 日本四通及びリュウコウが共同して開発した、開発中である、または開発する予定である製品及びその副原料に関する製造技術（ノウハウを含む）、製造設備、サンプル、完成品、その他関連する一切の情報。

2. マップ及びリュウコウは、その役員、従業員に対して、その在職中に、または退職後8年間以内に本件情報の秘密保持に必要な措置を講じなければならない。

　3. リュウコウは、本情報を日本四通より発注された本製品の製造のためにのみ使用する。

　4. マップまたはリュウコウが前 3 項のいずれかに違反したことにより、日本四通が損害を被った場合、または損害を被ったと合理的に推測される場合、当該違反者はその損害を賠償する責を負う。

　第 17 条　第三者への情報開示

　マップ及びリュウコウが、日本四通の書面による事前の同意を得て、第三者に本件情報を開示、または使用させる場合においても、当該第三者に対し、本件情報の秘密の保持について、本契約におけるマップ及びリュウコウの責任と同様の責任を負わせる。

　第 18 条　不可抗力

　1. 天災地変、その他各当事者の責に帰しえない事由によって生じた本契約の不履行または遅滞に関しては、債務の不履行とは見なさず、その後の措置については各当事者協議の上決定する。

　2. 本製品の原料類の産地または周辺地域で、特別事情（例えば戦争、核災害等）が発生した場合、日本四通は本契約または個別契約の一部または全部を解約することができる。

　第 19 条　再委託等

　リュウコウは、本製品の製造を第三者に委託してはならない。

　第 20 条　契約解除

　1. 各当事者は他の当事者が次の各号の一つに該当する場合、何らの催告を要することなく、直ちに本契約及び個別契約を解除することができる。

　① 営業廃止もしくは変更または解散の決議をした時。

　② 差押え、仮差押え、強制執行、仮処分、租税滞納処分、その他公権力の処分の命令、もしくは申立てがあった時。

　③ 破産、会社更生、会社整理または民事再生の開始もしくは申立てがあった時、または清算に入った時。

　④ 自己の振出または引受けにかかる手形もしくは小切手が不渡りになった時。

⑤ 本契約の継続が著しく困難であると判断される時。

⑥ 本契約または個別契約の条項に違反した時。

2. 前項の各号の一つに該当した当事者は、その相手に対して負担するすべての債務につき期限の利益を失う。

第21条 契約終了時の措置

1. 期間満了または合意契約または日本四通が本契約条項に違反したことにより本契約が終了した場合、本契約終了時にリュウコウが保管する主原料、副原料類及び本製品は日本四通が日本四通の費用負担において引きとるものとする。

2. マップが本契約条項に違反したことにより本契約が終了した場合、本契約終了時にリュウコウが保管する主原料、副原料類及び本製品は、マップがその費用負担において処分する。しかし、日本四通が引取りの意思を表示した場合は除く。

3. リュウコウが本契約条項に違反したことにより本契約が終了した場合、本契約終了時にリュウコウが保管する主原料、副原料類及び本製品は、リュウコウがその費用負担において処分する。しかし、日本四通が引取りの意思を表示した場合は除く。

第22条 契約終了後の秘密保持

1. 本契約が終了した場合、マップ及びリュウコウは日本四通の要請に基づき、日本四通より受領した本件情報に関わる書面、ソフト、写真及びその他の本件情報を速やかに日本四通に返却する。

2. マップ及びリュウコウは、本件契約終了後も、本件情報を第三者に展示、漏洩してはならない。しかし、マップおよびリュウコウの故意、過失によらずに公知となった場合、マップ及びリュウコウがこれを適法に取得した場合はこの限りではない。

第23条 契約期間

1. 本契約の有効期間は、本契約締結日より1年間とする。しかし、期間満了前1ケ月までに当事者のいずれからも書面による何らの異議表示がない場合、1年間自動的に更新されるものとし、以後もこれに従う。

2. 本契約における品質保証に関する事項については、本契約終了後といえども、取引された全ての本製品につき有効に適用される。

第 24 条　協議事項

当事者間に定めのない事項または本契約の解釈、その他協議を有する事項についてはその都度、各当事者が誠意をもって協議し、処理する。

第 25 条　仲裁

本契約に関連して生ずるすべての紛争は、日本商事仲裁協会の商事仲裁規則に従い、日本国東京における仲裁により最終的に解決されるものとする。仲裁人による仲裁判断は最終的なものであり、両当事者を拘束するものとする。

第 26 条　準拠法

本契約の準拠法は、日本法とする。

本契約は日本語で正本 3 部作成し、日本四通、マップ、リュウコウ各 1 部を保持する。

××××年×月×日

日本四通産業株式会社

住所：×××

マップ株式会社

住所：×××

リュウコウ電子技術有限公司

住所：×××

よく使う表現

「受発注」分为「発注」和「受注」两个词，「発注」（はっちゅう）是指订货，「受注」（じゅちゅう）是指接受订货。日文中，「注文」是订单的意思。相对应地，「発注」是发订单，「受注」则是接受订单的意思。

例文2

　中国〇〇国際貿易公司（以下売方と略称する）と日本〇〇株式会社（以下買方と略称する）売買双方は下記の条項の通り本契約の締結に同意する。

　第一条　本契約の商品品名、規格、数量、単価、総金額、包装、荷印、船積期間、船積港と荷揚げ港等はすべて本契約附属書の規定によるものとし、契約附属書は本契約の不可分の構成部分である。

　第二条　支払方法：

　買方は本契約書に定められた船積月の始まる20日前に、双方の同意した銀行を通じて、直接に中国〇〇国際貿易公司の所属する関係分公司或は支公司を受益者とし、取消不能の、譲渡可能の、分割可能の、積替えの可能の、電報為替条項付きあるいは書類が開設銀行に到着した次第支払う一覧払いの信用状を開設するものとし、その有効期限は船積後10日間延期され、中国において満期となる。信用状に記載された船積貨物の数量と金額は売方において任意に5％の増減をすることを認める。信用状の受益者は附属書に明記されている通りとする。

　第三条　船積条件：

　1. 売方は輸出貨物の船積終了後24時間内に契約番号、品名、数量、送り状金額および船名を電報にて買方へ通知する。

　2. 売方は毎回船積準備数量の5％に相当する量を増減する権利を有する。その差額は契約価格により清算する。

　3. もしFOB条件で成約した場合、売方は貨物準備終了後電報にて買方に用船するよう通知し、買方は通知を受け取ってから10日乃至20日以内に船を船積港に出さなければならない。買方の用船は売方の同意を得なければならない。買方はまた契約書に定められた船積期間において、船積港に到着する二週間前に船名、国籍および入港日を電報にて売方に通知し、売方の同意を得た後決定する。もし買方が手配した船が期日通り船積港に到着できない場合は、このために生じた貨物倉庫賃貸料、待ち時間料等はすべて買方の負担とする。

第四条　保険条件:

　もし CIF 条件で成約した場合、中国人民保険公司海洋運輸貨物保険条項にもとづいて、売方は送り状総金額の 110％にあたる全危険担保と戦争保険に付する。もし買方が保険種別または保険金額の増加を必要とする場合は、この旨売方に通知し、保険料の増加分を別途負担しなければならない。

第五条　商品検査:

　売買双方は異なる商品にもとづいて本契約の附属書で、下記各項目の一項目を明記するものとする。

　1. 貨物の品質および重量鑑定については、それぞれ船積港の中国商品検験局が発行した品質と重量検査証明書をもって支払う根拠とする。

　2. 買方は、売方が品質と重量検査証明書を提出せず、ただ売方の送り状を支払う根拠とすることに同意する。買方は、売方が品質検査証明書を提出せず、ただ重量検査証明書をもって支払う根拠とすることに同意する。

　3. 買方は貨物が仕向港に到着した後再検査を行う権利を有する。この場合、再検査の費用は買方の負担とする。

第六条　書類:

　売方は支払銀行へ下記書類を提出しなければならない。

　送り状正本一通、副本二通、クリーン船荷証券正本三通、副本四通、もし CIF 条件で成約した場合、保険証券正本一通、副本二通を提供しなければならない。以上の書類の外、附属書に明記された商品検査の条件にもとづいて、それと相応する関係書類正本一通、副本二通を別途提供しなければならない。

第七条　不可抗力:

　不可抗力の事故により、期日通り荷渡しできない場合は、売方は荷渡しの延期もしくは一部分の荷渡し延期をするか、あるいは本契約全部を解除することができる。但し、売方は買方に対して中国国際貿易促進委員会の発行した事故発生の事情を証明する文書を手渡さなければならない。

第八条　クレームおよび賠償請求:

貨物が仕向港に到着した後、もし買方が貨物の品質あるいは重量に対して異議がある場合、日本の商品検査機関の発行する検査報告書（検査費用は買方負担）により、船が日本の港湾に到着した後30日以内に売方へ提出することができる。但し、自然災害により発生した、または保険会社あるいは船主側の責任範囲内の損失に対しては、売方は一切責任を負わないこととする。もし売買双方のいずれか一方が不可抗力でない原因により、本契約書に規定されている各項目を履行しなかったがために、相手側に損失をこうむらせた時、相手側は事情を見てクレームを出すことができる。その賠償の金額は売買双方が協議した上で決定する。

第九条　仲裁:

本契約の履行中発生したすべての紛争はこの契約書に調印した双方で協議の上解決する。もし協議によっても解決不能の場合は仲裁を提起する。仲裁は被告の所在国で行われる。もしそれが中国であれば中国国際貿易促進委員会対外貿易仲裁委員会が該委員会の仲裁手続規則にもとづいき仲裁を行う。もし日本であれば日本国際商事仲裁協会の仲裁者名簿に記載されている者とは限らないが、中華人民共和国国籍、日本国籍を有する者または双方が同意した第三国国籍を有する者でなければならない。仲裁の裁決は最終的な決定とみなし、本契約書に調印した双方はいずれもこれに服従しなければならない。仲裁費用は仲裁委員会において別途決定のある場合以外は敗訴側において負担する。

第十条　以上の項目の外、売買双方が具体的な取り引きの中で、もし別途協議すべき事項があれば本契約の附属書の備考に明記するものとする。本契約書は〇〇年〇〇月〇〇日調印され、正本二通、双方は各正本一通を所持し、同等の効力を有する。

売方: 中国〇〇国際貿易公司
住所: 北京市昌平区〇〇街
買方: 日本〇〇株式会社
住所: 東京都江戸川区〇〇町

よく使う表現

① 「仕向港（しむけこう）」貨物などの送り先、注文品の発送先。可译为"交货港（目的港）"。

② 「船荷証券」：提货单，船运发票。简称为"BL"。

海上の物品運送契約において、運送人が運送品の受け取りまたは船積みを証し、指定港において証券の正当所持人に引き渡すことを約する有価証券です。是指在海上货物运输合同中，保证承运人证明承运人收到或装运货物并在指定港口交付给证券合法持有人的有价证券。

豆知識

　　世界では日本の製品の品質がよいと言われていますが、それはどうしてなのですか。まず、戦後まもなくアメリカから QC（quality control）を取り入れたからです。QC とは日本語で品質管理に相当する意味ですが、日本企業のやり方は同じ品質管理でも TQC（total quality control）という全社的品質管理と言っています。その両者の違いには、アメリカの初期のQC は製品を作った後の出荷の段階の検査で、不良品を取り除くことに限定されていました。しかし、日本の場合、製品設計から資材の仕入れ、生産、在庫管理、そして出荷にいたるまで力点を置いたのです。また企業のトップから従業員に至るまで全社的な取り組み体制が取られていました。

　　TQC の土台となっているのは、職場ごとに作られた QC サークルの活動です。この活動ができる前提条件は日本式経営の特徴の一つ——終身雇用制に支えられています。すなわち、一人一人の従業員が自分の仕事に習熟でき、社員にいろいろな職場を経験させ幅広い技能を習得させることで、従業員自身が改善すべき点を見つけ、会社を提案をしていく活動を行うことができますから。

　　また、日本製の品質がよいのはアフターサービスが徹底していてユーザーから不満や要望があった場合には、それを生産現場にフィードバックしていることが大きな理由です。

　　したがって、アメリカでも多くの企業が日本の TQC の考え方を逆輸入しています。中国も日本式経営に対する関心が高まりつつあります。

附　录

・付　録・

一、季節の挨拶文

- 初春の候、貴店ますますご盛栄のこととお喜び申し上げます。/ 初春之际，恭贺贵店日益繁荣。
- 盛夏の候、貴社ますますご隆昌のこととお喜び申し上げます。/ 盛夏之际，恭贺贵公司日益兴隆。
- 初秋の候、貴社いよいよご隆昌のことと拝察申し上げます。/ 初秋之际，恭祝贵公司事业日益昌盛。
- 初冬の候、貴社いよいよご隆昌の趣、大慶に存じ上げます。/ 初冬之际，恭贺贵公司日益兴隆。
- 歳晩の候、貴社ますますご盛業のこととお喜び申し上げます。/ 岁末之际，祝愿贵公司生意兴旺。

二、要求や催促を表す表現

- ご回答いただきますよう、お願い申し上げます。/ 敬请回复为盼。
- 何分のご返事をお待ち申し上げます。/ 恭候佳音。
- ご誠意のあるところをお聞かせ賜りたく、お願いいたします。/ 真诚希望赐教。
- 催促がましく恐縮ですが、当方の事情もお察しください。/ 冒昧催促，望体谅我方处境。
- 月末諸般の事情ご賢察のうえ、早急にご送金くださるようお願いいたします。/ 已届月末，请体察情况，从速汇款为盼。
- 決算間近のことでございますので、早急にご入金いただけますようお願いいたします。/ 结算期近，望尽快付款为盼。

- 帳簿整理の都合もございますので、月末までにご決済くださるようお願いします。/ 因清理账目，故请月底前结账为盼。
- 当方の事情もお汲み取りのうえ、善処いただくようお願い申し上げます。/ 请体谅我方情况，妥善处理为盼。
- ご無理とは存じますが、ご配慮のほどお願いいたします。/ 实在有些勉为其难，但务请多多关照。

三、ビジネスレターにおけるよく使われる表現

個人	自分側：わたくし	相手側：〇〇様、貴方様、貴殿
複数	自分側：私ども	相手側：皆様、ご一同様
会社	自分側：当社、弊社、小社	相手側：貴社、御社
団体	自分側：当店、弊店	相手側：貴店
上司	自分側：上司、当社社長	相手側：貴社長、ご上司
授受関係	自分側：入手、受領	相手側：ご笑納、お受け取り
思い	自分側：私見、所存、所感	相手側：ご意見、ご意向
場所	自分側：こちら、当方	相手側：そちら様、貴地、御地

「来てください」：ご出席賜りますようお願い申し上げます。

「受け取ってください」：ご査収の程よろしくお願いいたします。

「確かめてください」：ご確認くださるよう、お願いいたします。

「分かってください」：ご了解頂きたく、お願いいたします。

「許してください」：何卒ご容赦いただきますようお願いいたします。

四、前文

前文は、以下の4つの要素で構成されています。

1. 頭語

頭語は文書の一番はじめにくる「拝啓」「謹啓」などの挨拶で、結語とセットで使います。

2. 時候の挨拶

文書を送る季節や天候に応じて、その季節感や差出人の心情を表す挨拶言葉を書きます。

3. 安否を尋ねる挨拶

ビジネス文書の場合、相手の会社の繁栄を喜ぶ挨拶を入れます。

4. 日頃の感謝を伝える挨拶（自分の安否を伝える挨拶）

日頃お世話になっている感謝の気持ちを伝えます。また状況に応じて自分の安否を伝えることもあります。

五、頭語と結語の書き方

手紙の種類	頭　　語	結　　語
一般的な手紙・文書	• **拝啓**（はいけい） • 拝呈（はいてい） • 啓上（けいじょう） • 啓白（けいはく） • 拝進（はいしん）	• **敬具**（けいぐ） • 拝具（はいぐ） • 敬白（けいはく）
丁寧な手紙・文書 （祝い状・礼状・詫び状など）	• **謹啓**（きんけい） • 謹呈（きんてい） • 粛啓（しゅくけい） • 恭啓（きょうけい）	• **謹言**（きんげん） • 敬白（けいはく） • 再拝（さいはい） • 頓首（とんしゅ）
急ぎの手紙・文書 （見舞状など）	• **急啓**（きゅうけい） • 急呈（きゅうてい） • 急白（きゅうびゃく）	• **草々**（そうそう） • 不一（ふいつ） • 不尽（ふじん） • 不二（ふじ） • 早々（そうそう） • 不備（ふび）
略式の手紙・文書 （抗議状など）	• **前略**（ぜんりゃく） • 冠省（かんしょう） • 略啓（りゃくけい） • 寸啓（すんけい） • 草啓（そうけい）	• **草々**（そうそう） • 不一（ふいつ） • 不尽（ふじん） • 早々（そうそう） • 不二（ふじ）
初めての相手に出す手紙	• 初めてお手紙を差し上げます • 突然お手紙を差し上げます • ご無礼お許しください	• **敬具**（けいぐ） • 拝具（はいぐ） • 敬白（けいはく）
重ねて出す手紙・文書	• 再啓（さいけい） • 再呈（さいてい） • 追啓（ついけい）	• **敬具**（けいぐ） • 拝具（はいぐ） • 敬白（けいはく）

手紙の種類	頭　　語	結　　語
返信の手紙・文書	• **拝復**（はいふく） • 復啓（ふくけい） • 謹復（きんぷく）	• **敬具**（けいぐ） • 拝答（はいとう） • 敬白（けいはく）
お悔やみ状	※頭語は省略する	• 合掌（がっしょう） • 敬具（けいぐ）

六、正文

主文では、相手に伝えたい用件・本題を伝えます。

1. 起語

主文の冒頭は、「さて」「ところで」といった「起語（起こし言葉）」を用いて、用件を伝える合図を読み手に知らせます。

2. 本文

本文は、読み手に分かるように言葉の言い回しや順序、敬語の使い方に気をつけて書き上げます。二重敬語など、敬語の間違い表現には注意しましょう。

七、起語の例文

さて、この度当社では…

この度はご注文をいただき、誠にありがとうございます。

取り急ぎご連絡申し上げます。

つきましては、忙しいとは存じますが…

八、末文

末文は、以下の2つの要素で構成されています。

1. 結びの挨拶

本文の締めくくりとして、挨拶文を入れます。すぐに使える例文は「結びの挨拶の例文」に記載しています。

2. 結語

結語は「敬具」「敬白」といった挨拶で、頭語とセットで使用します。

九、結びの挨拶の例文

まずは略儀ながら書中をもちましてご挨拶申し上げます。

まずは略儀ながら書中をもってお祝い申し上げます。

略儀失礼ながら書面をもちまして御礼申し上げます。

まことに略儀ではございますが、書中をもちましてご通知申し上げます。

まずは略儀ながら書面にてご案内申し上げます。

まずは失礼ながら書面にてお願い申し上げます。

まずは謹んで御礼かたがたご報告申し上げます。

まずはお知らせかたがたお願い申し上げます。

まずは取り急ぎお尋ね申し上げます。

まずはご案内まで。

取り急ぎお知らせまで。

十、ビジネスメールの定型フレーズ

お礼メール

★いつもお引き立ていただき、誠にありがとうございます。

承蒙一直关照，不胜感激。

★平素は格別のご高配を賜り、厚くお礼申し上げます。

平日承蒙您的额外关照，不胜感激。

★いつもご愛顧賜り、ありがたくお礼申しあげます。

承蒙惠顾，不胜感激。

★結構なお品を頂戴いたしまして、感謝しております。

承蒙惠赠佳品，非常感谢。

★日頃は、弊社サービスをご利用いただき、心より感謝申し上げます。

感谢您一直以来对敝公司的支持。

★○○様のご愛顧の賜物と深く感謝申し上げる次第です。

承蒙您的关照，不胜感激。

★平素はひとかたならぬご配慮にあずかり、深謝いたしております。

平日承蒙您的额外关照，不胜感激。

★何とか無事に終えることができたことは、お礼の申し上げようもありません。

（由于您/贵公司的大力支持，）本次任务/项目得以圆满完成，在此表示衷心的感谢。

依頼・お願いメール

★同封いたしますので、ご査収の程よろしくお願い申し上げます。

随函附上，敬请查照。

★以上の考えにつき、ご斟酌（しんしゃく）いただければ幸いです。

上述意见，请贵方酌定。

★上記に関して、不都合がございましたら、急ぎ文書にて関連部門にご通知下さいますようお願い申し上げます。

以上方案，如有不妥，望即发文通知有关部门为盼。

★貴工場へ××を遣（つか）わしますので、どうぞ宜しくご相談下さい。

拟派×××前往贵厂，望予接洽商谈。

★茲にご返信申し上げます、何卒ご承知おきくださいますよう。

兹此电复，敬请了解。

★ここにお手紙差し上げます。ご承知おかれますよう。

特此奉告，敬请了解。

★ここにご報告いたします、宜しくお願いします。

特此奉达，拜托了。

★ここに書簡にてご通知します。

特此函告。

★特にご報告申し上げます。

特此奉告。

★謹んでご連絡いたします。

谨此通达。

★どうぞご留意の程を。

请留意。

断り・辞退メール

★力及ばず、何ともお引受いたしかねます。至らぬ点どうかご寛恕下さい。

力不能及，实难承诺。不周之处，尚请见谅。

★本件は私の解決可能な問題ではございません。

这不是我能够解决的问题。

★残念ながら、今回は力及ばず、申し訳ございません。

遗憾实在无能为力，非常抱歉。

★ご依頼の件、何ともいたしかねます。

所托之事，碍难办理。

★私のおかれた立場から、貴殿のご要望には何ともお応え致しかねます。

限于我的情况，确实不能答应您的要求。

★体調不良のため、お招きには応じられません。申し訳ありません。

因身体不适，不能应邀出席。非常抱歉。

★今回はスケジュールが既に決まっておりまして、あらためる訳には参りません。

此次日程已经决定，不能更改。

お詫び・謝罪メール

★打ら合わせの約束を失念しており、お会いすることができなかったこと、誠に申し訳なく思っております。

请原谅我的失约。

★謹んでお詫び申し上げます。

谨向您赔礼道歉。

★タイムリーなご返事を差し上げることが出来ず…

未能及时给您回信。

★本状にて貴殿にお詫び申し上げます。

特地写这封信向您道歉。

★貴簡拝承以来すでに数日経過しており、ご返事の遅れましたことお許し下さい。

来函已收到数日，迟复希谅。

★行き届かぬ点、お許し下さいますよう。

不周之处，尚请见谅。

★おもてなしが不調法でありましたこと重々（じゅうじゅう）お詫び申し上げます。

招待欠周，甚为抱歉。

★ご要望に沿えず、誠に申し訳ありません（遺憾に存じます）。

实在无法满足要求，深表歉意（遗憾）。

★お気に召さぬ点ございましたら何卒お許し下さいますよう（ご寛容下さいますよう）。

若有欠妥之处，尚希多多原谅（包涵）。

十一、貿易常用語彙

1. 発売（はつばい）　开始上市，发卖
2. 価格表（かかくひょう）　价格表
3. カタログ　目录
4. 了承する（りょうしょうする）　答应，应许
5. 添付（てんぷ）　添加，附录
6. 卸商（おろししょう）　批发商
7. 点検する（てんけんする）　检查，点检
8. 為替手形（かわせてがた）　外汇汇票
9. 株式会社（かぶしきがいしゃ）　股份有限公司
10. お見積もり（おみつもり）　询价，询盘
11. 照会（しょうかい）　知照，探询
12. 貨物運輸代理者（かもつうんゆだいりしゃ）　貨物运输代理者
13. 相対注文（あいたいちゅうもん）　相互订货
14. 揚げ地　（あげち）　卸货地
15. 足取り（あしどり）　行情，行情动态
16. 上がり気味（あがりぎみ）　上升趋势
17. 頭打ち（あたまうち）　行情涨到顶点
18. 委託販売（いたくはんばい）　委托销售
19. インボイス　发货票
20. 請負人（うけおいにん）　承包人
21. 売れ行き（うれゆき）　销路
22. 通関申告（つうかんしんこく）　报关
23. 円建て（えんだて）　日元计价
24. 円高（えんだか）　日元升值
25. 円安（えんやす）　日元贬值
26. サンプル　样品
27. ブランド　商标，牌子
28. デッドラトン　期限
29. ロス　消耗
30. テストマーケティング　试销
31. ロットサンプル　批样

32. キャンセル　取消

33. パッキングリスト　装箱単

34. コミッション　佣金，手续费

35. コンテナ　货柜，集装箱

36. クレーム　索赔，投诉

37. タグ　吊牌，标签

38. サイズ　尺寸

39. 頭金（あたまきん）　押金，定金，保证金

40. 貸し倒れ（かしだおれ）　坏账，死账

41. 荷姿（にすがた）　包装外形

42. 原材料持ち込み加工（げんざいりょうもちこみかこう）　来料加工

43. サンプル持ち込み加工（もちこみかこう）　来样加工

44. 品目（ひんもく）コード　产品编号

45. 請求書（せいきゅうしょ）　付款通知単，账单

46. 受取書（うけとりしょ）　收据，回执

47. 受け荷主（うけにぬし）　收货人

48. 一時産品（いちじさんぴん）　初级产品

49. 売上原価（うりあげげんか）　销售成本，销货成本

50. 入れ札（いれふだ）　投标，招标

51. 違約金（いやくきん）　违约金

52. 荷造完全（にぞうかんぜん）　包装完整

53. オファーシート　报价单

54. メーカー　厂家

55. 据え付け（すえつけ）　安装

56. 販売代理店（はんばいだいりてん）　销售代理商

57. 取引先（とりひきさき）　贸易伙伴

58. 帳尻合わせ（ちょうじりあわせ）　对账

59. 別表（べっぴょう）　另册，附表

60. 為替（かわせ）、送金（そうきん）　汇款

61. 輸出税（ゆしゅつぜい）　出口税

62. 現場渡し（げんばわたし）、直渡し（じきわたし）　当场交货

63. 生産販売（せいさんはんばい）　产销

参考文献

刘金举，2007. 外贸函电日语［M］. 北京：北京语言大学出版社.

目黑真实，细谷优著，刁鹏鹏译，2008. 日语商务信函技巧与实务［M］. 大连：大连理工大学出版社.

胡传乃，2016. 日语写作［M］. 北京：北京大学出版社.

韩小龙，叶娉，2006. 白领日语系列·商务日语写作［M］. 北京：人民教育出版社.

赵秋云，2022. 新编国际商务日语实务［M］. 北京：对外经济贸易大学出版社.

赵平，2023. 致用日语商务函电写作教程［M］. 北京：外语教学与研究出版社.

https://mailwise.cybozu.co.jp/column/36. html.

https://www.jpworld.cn/wk/116.

https://jp.hjenglish.com/businessjp/p97377/.

https://colanekojp.com.tw/classroom_detail/115.

https://www.getgamba.com/guide/archives/2898/.

https://gakumado.mynavi.jp/freshers/articles/42183.

https://magazine.digibo.co.jp/article/report-writing/.